月1万の捻出もキツイ　みんなそんなに貯めてるの？　将来に不安しかない

知識ゼロですが、無理なく増えるお金ル[illegible]ィン教えてください。

わかりました！
要点を絞って
きちんと教えます

家計再生コンサルタント
横山光昭 著
ペロンパワークス 編

もくじ

はじめに

みなさま、はじめまして。私はファイナンシャルプランナーの横山光昭と申します。

私のもとには、毎日のようにお金に関する悩みや不安を抱えた方々がやってきます。

「老後の生活が不安なので、つみたてＮＩＳＡについて教えてください！」

「投資に興味はあるけど何から始めればいいのかわからない」

などなど、近年は家計管理だけでなく資産運用の相談もたくさんいただきます。


そこで私がみなさんに１つ意識していただいているのが、**お金との付き合い方は「投資で増やす」だけではないこと**。

私はこれまで２万４０００件以上の相談に答えてきました。それだけ多くの方々の家計や資産状況を見ても、収入や支出、貯蓄や資産運用、そして年齢や家族構成などの状況は２つとして同じケースはありません。つまり、相談件数の数だけ悩みや課題も異なり、**「みんな支出を減らせばＯＫ」「みんな収入を増やせば解決」といった単純な回答はあり得ません**。

お金との付き合い方で大切なのは、使うことも稼ぐことも投資することも、全体としてバランスのいい関係を維持することです。

お金をいくら稼いでいても、あるだけすべて使ってしまっては貯蓄はゼロです。投資に回すお金をたくさん確保しようとしても、足元の家計が赤字であればスタートできません。

このように、**単に「お金を増やす」といっても、投資の知識を頭に詰め込むだけでは、なかなか思いどおりにいかない**のが実状です。

では、どうすればいいのか。答えは簡単です。

家計管理も収入の増やし方も、一度適切な知識を学んだら、**それをただひたすら日常生活で実践するだけ**。例えば、貯蓄ができないなら先取り貯蓄をして残った金額で家計を管理する、投資は毎月無理のない金額で自動積立を設定するなど、**ルーティン化すると無理なくお金を増やせるのです**。

おかげさまでこのシリーズは第3弾となりますが、今回は投資中心の話ではなく、**マネープランの立て方や収入を増やす方法など、より幅広く、かつ、とても大切なトピック**も含めてお金との付き合い方を解説しています。ですので、前作までをお読みでない人も、というよりお読みでない人にこそ、ぜひこの1冊から読み進めていただければと思います。

無理せず、**頑張らずにお金を増やす横山流ルーティン**をぜひ実践してみてください。

最短でまるわかり！

これさえおさえればOKの5ステップ

これだけ
おさえておこう

「お金を増やしたいけれど何をすればいいかわからない」。そんなあなたも5ステップを順番にマネすれば、お金を増やす習慣が身につきます。

お金を増やすのも
習慣化が大切！
家計再生コンサルタント
横山先生
1. 収支バランスを把握しよう
2. マネープランを立てよう
3. 出費を減らそう
4. 収入を増やそう
5. 投資をしよう
一度習慣化できれば将来にわたってお金とうまく付き合える

STEP 1 収支バランスを把握しよう

家計簿をつけて
“見える化”

何をするにも、まずは現状の把握が第一。お金を増やすうえでも、自分の収入と支出がどうなっているか確認するところから始まります。給与明細で引かれている税金と手元に残るお金を知ることも大切です。

STEP 2 マネープランを立てよう

人生で必要な
金額を試算

人生にはお金が必要なイベントが数多くあります。目先で必要になるお金だけではなく、長期的にかかってくるお金や、受け取れるお金についても知っておくと、今から準備しておくべき金額がわかります。

STEP 3 出費を減らそう

“先取り貯蓄”で
確実に貯める

自分の収支と将来に必要になるお金がわかったら、家計の黒字部分を増やしていきましょう。無理な節約をしなくても、意外と削れる部分はあります。給与が入ったら自動的に貯蓄分をとっておく「先取り貯蓄」も効果的。

STEP 4 収入を増やそう

スキルアップや
転職・副業も視野に

出費を減らすには限界があるもの。そこで家計の黒字部分を増やすために検討したいのが、収入を増やすこと。必ずしも副業や転職をしなくても、スキルアップをして今勤めている企業で昇給する手段もあります。

STEP 5 投資をしよう

少額からでも
コツコツ続けるのが大事

物価が上がると、同じ金額で同じモノが買えなくなります。そのため、物価上昇を上回る利益を得られるよう投資で増やしていくのも、お金を守るうえで重要です。難しいイメージもありますが、実は簡単に始められます。

登場人物紹介

家計の見直しの方法から
しっかり解説します

家計再生
コンサルタント
横山光昭先生

家計再生
2万2000件
以上

著書累計
386万部
以上

ファイナンシャル
プランナー

株式会社マイエフピー代表。お金の使い方そのものを改善する独自の家計再生プログラムで、家計の確実な再生を目指し、個別の相談・指導に高い評価を得ている。これまでの家計再生件数は22,000件を突破。書籍・雑誌への執筆、講演も多数。著書にはシリーズ累計90万部超の『貯金感覚でできる3000円投資生活デラックス』や『年収200万円からの貯金生活宣言』があり、計173冊、累計386万部となる。

すぐに始められるお金の増やし方を
1から教えてください！

家計管理に
悩んでいる会社員
中野美佐紀さん

貯蓄・
投資経験
ゼロ

将来の不安を
解消したい

旅行をする
お金も欲しい

贅沢な暮らしはしていないはずなのに、なぜかお金が貯まらない30歳の会社員。今後の人生を考えるとお金が足りなくなりそうで、年々不安が募る。節約しようにも、友人との食事も楽しみたいし、年に1回は旅行に行きたいので、どの出費を削ればいいのか悩んでいる。最近、友人が投資を始めたので気になってはいるが、難しそうで踏み出せない。自分にもできるお金の増やし方を知りたくて、横山先生のもとを訪ねた。趣味はカフェ巡りと銭湯。

STEP
1

収支バランスを把握しよう

～私のお金はどうなっている？～

STEP
1-1
収支バランスを
把握しよう

給与が上がりにくい時代 私のお金はどうなる？

将来に向けてお金について真剣に考えたいものの、何から手を付ければいいかわからない人も多いはず。まずはマネーリテラシーを身につけることが大切です。

職場の先輩が「給与が上がらなくてつらい」って言ってたんですけど、そうなんですか？

実は、日本の平均給与は**20年前と比べても下がっている**んだ。

ええ！やっぱり上がらないっていうのは本当だったんだ。

残念ながら、諸外国と比べて日本の給与上昇率はかなり後れを取っているのが現実。だからこそ、**自分のお金は自分で管理して増やすことが大切**なんだ。

でもお金の管理って難しそう。何から始めればいいんですか？

まずは、自分の**マネーリテラシーを確認することが大切。**

マネーリテラシー？

お金に対する知識がどの程度身についているかの指標になるのがマネーリテラシー。

マネーリテラシーが低かったらどうなるんですか？

現時点でのマネーリテラシーが低くても大丈夫！重要なのは、自分のマネーリテラシーを自覚して、これからどうやって家計管理に活かすかだよ。

今のマネーリテラシーを知ればいいんですね！でもどうやって調べるんですか？

簡単にチェックできるリストを用意しているよ。次のページで確認してみよう。

チェックするだけなら私にもできそう！

「マネーリテラシー」とは……自分の生活にかかるお金や経済に関する知識のこと。金融経済に関することだけでなく、ライフプランニングや家計管理に対する考え方もマネーリテラシーの一種である。

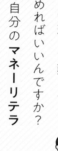

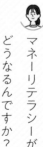

知ること 平均給与は20年前より下がってる！

■平均給与の推移

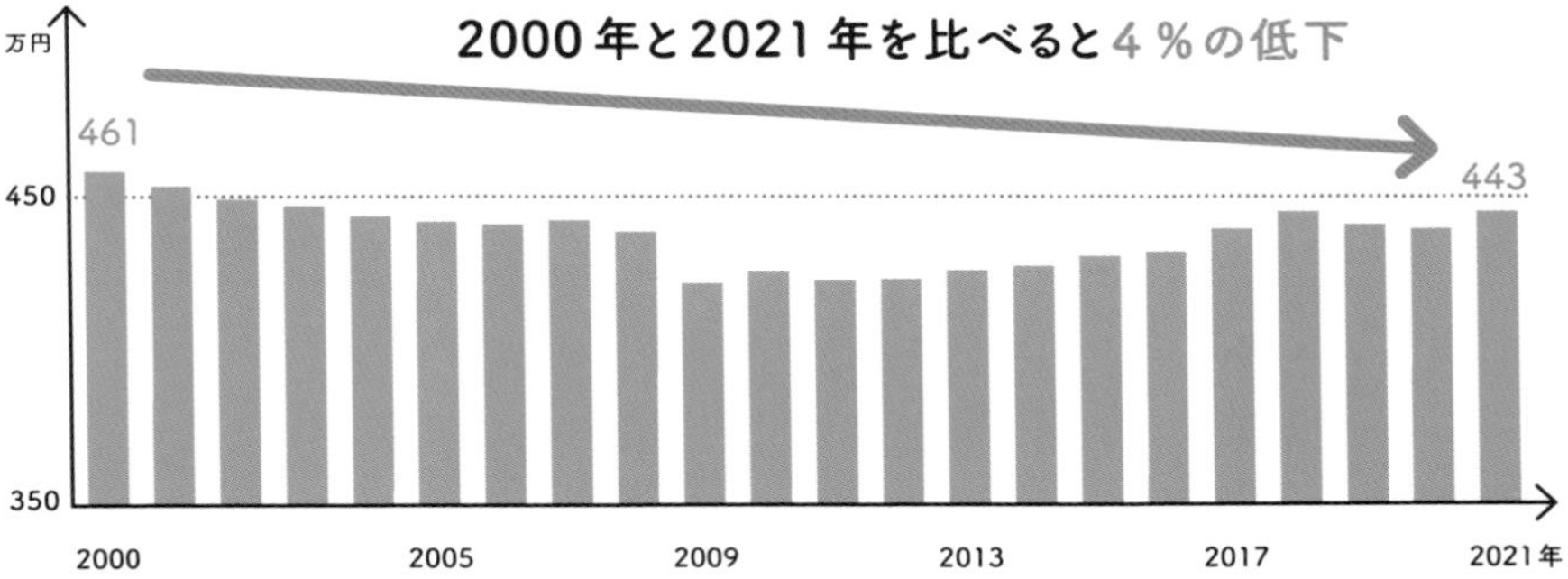

※国税庁「民間給与実態統計調査結果」より作成

給与が上がらない時代だからこそ
自分のお金は自分で“守る力”が大切

日本の平均給与は1997年をピークに、ゆるやかに増減をくり返しています。2000年と2021年の平均給与を比較すると、なんと約4％低下しています。

やること 自分のマネーリテラシーを見直そう

Q あなたはお金を守れている？

「マネーリテラシー」チェックリスト

- ☐ 毎月の収支を把握していない
- ☐ ほとんど貯金できていない
- ☐ 将来どのくらいお金が必要かわからない
- ☐ “欲しい”と思ったらガマンできない
- ☐ リボ払いを利用している
- ☐ 「投資＝ギャンブル」というイメージを持っている

☑ 0～1コ
安心 ◎ ワンランク上の知識をつけよう

☑ 2～4コ
注意 ○ もう一歩 この本で見直ししよう！

☑ 5コ以上
危険 △ お金の基本をしっかり学ぼう

「リボ払い」とは……リボルビング払いの略で、クレジットカードの支払方法の1つ。毎月の支払額が一定になり管理しやすいが、残高に対して金利がかかるため、期間が長くなるにつれて支払総額が多くなる。

収支の把握がお金を増やす第一歩

「お金が貯まらない」と悩む人の多くが、そもそも毎月どれだけお金を使っているかを把握していないことも。まずは収支の洗い出しから始めてみましょう。

お金を増やすにはやっぱり投資するしかないですか？

いきなり投資に手を出す必要はないよ。それよりもっと簡単なことから始めよう。

簡単なことって？　教えてください！

そうだね。中野さんは毎月どのくらいお金を使ってる？

んー、その月によって使ったり使わなかったり……。

つまり正確な金額は把握していないってこと？

はい。毎月**あまったお金を貯金しようと思っているんですけど、それだとぜんぜん貯まらなくて**困ってます。

お金を増やすための第一歩は「家計の収支の把握をきちんとする」だよ。

家計の収支の把握？　そんなことでお金が増えるんですか？

毎月の収支をきちんと洗い出すと、思わぬムダづかいが見つかることも。**そういうムダを減らしてコツコツ見直すことが大切**なんだ。

でも、そんなにムダづかいしてないと思うけどなぁ。

あとは、将来必要なお金を知っておくことも大切だね。**目標を決めると、モチベーションアップにつながる**よ。

確かに、将来どのくらいお金が必要かわからないまま焦っていたかも。

「投資」とは……利益を見込んで株式や投資信託、不動産などに資金を投じること。「自己投資」など、自身の成長のために経験やスキルアップにお金を投じる行為も一種の投資である。

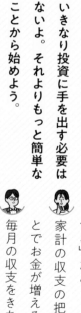

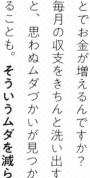

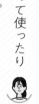

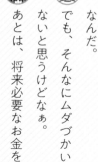

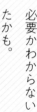

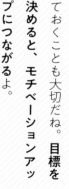

やること

まずはお金の管理・把握から!

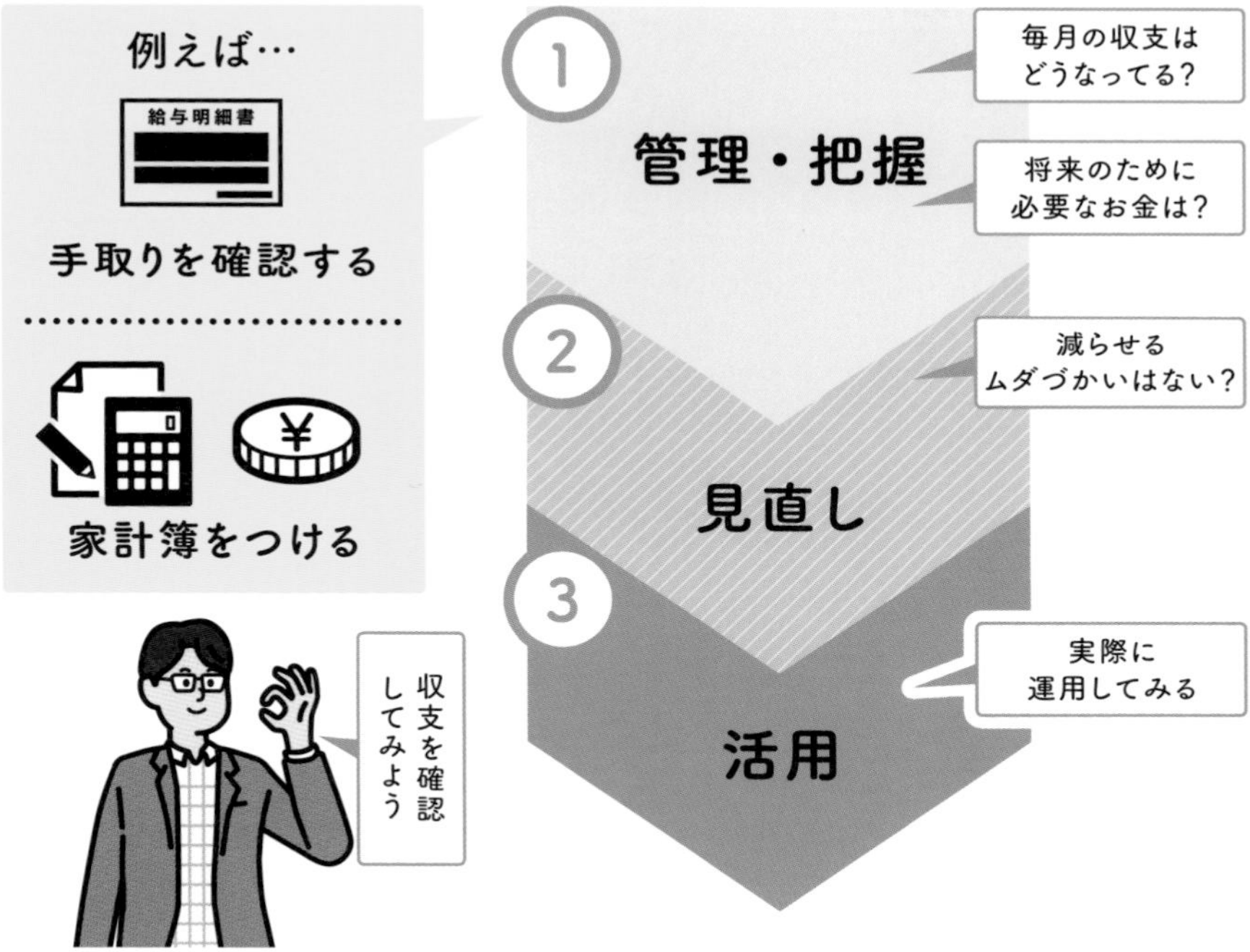
例えば…
給与明細書
手取りを確認する
¥
家計簿をつける
収支を確認してみよう
1
管理・把握
毎月の収支はどうなってる?
将来のために必要なお金は?
2
見直し
減らせるムダづかいはない?
3
活用
実際に運用してみる

毎月どれだけの収入があり、どれだけ使っているのか、収支の「見える化」は家計管理の初めの一歩です。まずはざっくり書き出してみましょう。

焦りは禁物！ じっくりお金と向き合おう

まずは家計の把握が大切だよ
いきなり投資はダメなんですね

ゴールがわからないまま、お金を増やそうとしてもモチベーションは上がりにくいです。焦って知識のない状態で投資に挑戦すると、大切な資産を減らしてしまうかもしれません。

貯蓄の目安……家族構成や職業などによって異なるが、1人暮らしなら手取りの10％、実家暮らしなら手取りの20～30％が貯蓄の目安の1つ。

自分の収入を把握しよう

給与明細を毎月よく確認せず捨ててしまっていませんか？給与明細はあなたがどれだけ働いたかを記載し、給与支給の根拠となる重要な書類です。

収支の確認が大切なのはわかったけど、収入って結局振り込まれる給与のことですよね？

それはそうだけど、給与明細の確認はしてないの？

毎月確認せずに捨てています。見たってどうせ振り込まれる額は変わらないし。

給与明細はもらったら必ず確認しよう。手違いで本来の給与より低く支給されているかもしれないよ。次ページで解説する6つだけみておけば大丈夫。

たった6つだけでいいんですか？そのくらいならなんとか見られるかも！

とくに**支給額に直結する「出勤日数」と、「時間外労働」の欄は念入りに確認したほうがいい。**

「総支給額」ってこんなに多いの？銀行に振り込まれる額と全然違う……。

給与から天引きされる税金や社会保険料などの「控除」の割合が大きいからね。こうやって、自分の給与やそれにかかる税金を知っておくことも大切だよ。

それにしても、こんなに税金が引かれているなんて、なんだかショックだなぁ。

まぁまぁ。**税金や社会保険料は、納める人にもメリットがある**から、そう言わずに。

税金を納めるメリットなんてあまり考えたことがありませんでした。それも知りたいです！

「手取り月収」とは……会社から支給される給与の総額である「額面給与」から、所得税や住民税などの各種税金、年金や健康保険料などの社会保険料が差し引かれた金額のこと。会社から実際に受け取る金額。

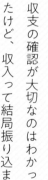

知ること

今さら聞けない給与明細の見方

令和○年△月支給分

給与支給明細書

会社名　○△商事

氏　名　○△□　殿

(円)

勤怠	出勤日数	有給休暇日数	慶弔休暇日数	時間外労働 残業時間	時間外労働 休出時間	時間外労働 遅早時間			
	20日	1日		8:00					
	欠勤日数	遅刻・早退							
	1日								
支給	基本給	役職手当	時間外労働手当	皆勤手当	住宅手当				
	210,000		18,000		15,000				
	出張手当								総支給額
	10,000								253,000
控除	健康保険	厚生年金保険	雇用保険	介護保険	社会保険合計		所得税	住民税	税額合計
	12,000	21,960	1,518		35,478		5,410	6,000	11,410
									総控除額
									46,888
集計	総支給額	総控除額					振込支給額	現金支給額	差引支給額
	253,000	46,888						206,112	206,112

勤怠
① 出勤日数

その月に出勤した日数。
有休取得したのに欠勤になっていない?

控除
④ 各種税金・保険料

税金、年金、保険料など

支給
② 時間外労働手当

いわゆる「残業代」。
正しく支給されているか確認を!

控除
⑤ 総控除額

給与から天引きされた合計額

支給
③ 総支給額

いわゆる「月収」「額面」と
呼ばれるもの

⑥ 差引支給額

いわゆる「手取り」と呼ばれるもの

給与明細は大きく「勤怠」、「支給」、「控除」の3項目に分けられます。出勤日数や、残業時間の記載に誤りがないか確認を忘れずに。交通費や住宅手当等の支給漏れがあったというケースもあります。もし記載内容に間違いがあれば、速やかに人事や総務に確認しましょう。

「時間外労働」とは……法定労働時間を超えた労働を指す。時間外労働に対する賃金は、基本賃金×1.25倍支払う必要があり、休日や深夜帯はさらに加算されるケースも。

STEP 1-4

収支バランスを把握しよう

給与から天引きされている項目を知ろう

毎月給与から引かれている税金や社会保険料、きちんと把握している人は意外と少ないもの。それぞれ何に使われているのか確認していきましょう。

ところで、天引きされた税金はいったい何に使われているんですか？

税金や社会保険料は、主に生活保障や公的サービスに使われているよ。

毎月こんなにたくさんの税金を払っているのに、あまりその恩恵を受けられている気がしないのですが……。

あまり実感がないかもしれないけれど、例えば**雇用保険料は失業時や育休時の手当の財源になる**から、無関係ではないんじゃないかな。

育休手当って会社から支払われるんじゃないんですか？

意外と勘違いしている人が多いけれど、財源はみんなが支払った保険料なんだ。

へぇ、知らなかった。働けない間の保障は大切ですもんね。

あとは病気やケガの際の医療費を負担してくれる健康保険料。これのおかげで保険適用の医療費は自己負担が3割になっているんだよ。

もし健康保険の仕組みがなかったらどうなりますか？

単純計算で、病院や歯科医院で支払う料金が3倍以上になる。

それは困る……。

それと、**社会保険料に関しては実は会社が半分負担してくれている。**これは会社員の特権の1つだよ。

「医療費の一部負担」とは……保険適用の医療費は、自己負担額が減免される。一般的な自己負担額は6歳以上70歳未満は3割、6歳未満と70歳から74歳は2割、75歳以上の者は1割。

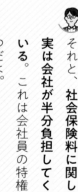

知ること 給与から何がどのくらい天引きされている？

税金

所得税

その年の所得（給与）にかかる税金

¥ 所得の5～45％

住民税

前年の収入に応じてかかる税金

¥ 原則所得の10％

雇用保険料

失業手当や育休手当の財源

¥ 総支給の0.6％

※農林水産・建設業は0.7％

社会保険料

会社も負担している（労使折半）

厚生年金保険料

老後の年金や障害年金の財源

¥ 総支給の9％ほど

健康保険料

病気やケガに備える

¥ 総支給の5％ほど

介護保険料

介護サービス利用のためのお金

¥ 総支給の0.9％ほど

※40歳以上から徴収される

※保険料率はいずれも2023年4月時点のもの

年収400万円の30代会社員（扶養家族なし）の場合……

400万円（額面） − 62万円（社会保険料） − 17万円（住民税） − 8万円（所得税） ＝ 313万円（手取り）

給与が上がるにつれて所得税や住民税の税率は高くなります（累進課税）。年収400万円程度の場合、額面の2割程度が給与から天引きされています。

「所得」とは……収入から必要経費を差し引いた額のこと。会社員の場合は所得は給与所得に該当し、給与や賞与などの給与収入から給与所得控除を差し引いた金額を指す。

STEP 1-5
収支バランスを把握しよう

自分の支出を把握しよう

当たり前のことですが、お金を増やすためには収入が支出を上回った状態（=黒字）であることが大前提です。収支がマイナスになっている場合は早めの見直しを。

毎月どのくらいお金を使ったかはきちんと把握してる？

それもあんまりわかってないです。たまに、クレジットカードの引き落とし額を見てびっくりすることもあります。

赤字になる月もあるんだね。

でも、ボーナスで赤字分はちゃんと補てんしているから、それでいいじゃないですか？

ボーナスで赤字の補てんをするという考え方はとても危険。ボーナスは減額されたり、最悪支給されなかったりするからね。

でも、どれも必要な支出だと思うんです。家賃を払わないと住むところがないし、食費も削れないし……。

まずは**支出を「固定費」と「変動費」に分けて管理してみよう。**とくに、**食費やレジャー費、嗜好品といった変動費にバラつきがある人は赤字になりやすい。**

確かに、旅行や遊びに行く予定が続くとお金が足りなくなっちゃうかも。

お金が貯まらないと悩む人は、何にお金を使ったかわかっていないパターンが多い。自分の支出をすべて書き出して、何にお金を使っているか把握するところから始めてみよう。23ページで紹介する家計簿アプリが使いやすくておすすめだよ。

使ったお金を書き出すくらいなら、私にもできそう！

「クレジットカード」とは……現金を使わず、カード会社に立て替えてもらう決済方法。利用分の金額が、決められた日にまとめて銀行口座から引き落とされる。店舗がカード会社へ支払う手数料がカード会社の利益になる。

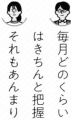

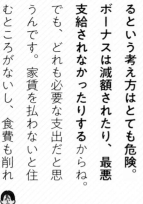

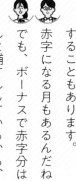

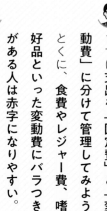

知ること　家計簿の基本は収入－支出!

給与

収入　ー　支出　＝　ここを黒字にするのが目標

（固定費＋変動費）

マイナス家計は
必ず見直しを!

家計簿は収入と支出を項目ごとに分けて管理するのが基本です。まずは「収入－支出」がプラスの状態を目指しましょう。

やること　家計簿は固定費と変動費に分けて管理する

変動費

月によって変わるお金

- 食費
- 日用品費
- 水道光熱費
- レジャー・娯楽費
- 交際費

など

固定費

毎月一定額必要なお金

- 家賃（住宅ローン）
- 通信費
- 保険料
- 教育費
- サブスク

など

家計簿に記入する際に、「固定費」と「変動費」に分けて管理することを意識しましょう。支出にバラつきがある人は、変動費の幅が大きいケースがほとんどです。何が原因で支出が増えてしまったのか、振り返りやすい家計簿アイテムを選ぶことも家計改善のポイント。

ココもPOINT

主な家計簿アイテム

- 紙
- PC（エクセル）
- スマホアプリ

「住宅ローン」とは……住宅購入やリフォーム時に利用できるローン。銀行をはじめとする金融機関ローンと、住宅金融支援機構が提携する「フラット35」の2つが主流である。

STEP
1 - 6

収支バランスを
把握しよう

家計簿アプリを活用しよう

はりきって家計簿に挑戦したものの、続かなかったという経験がある人は少なくありません。家計簿で大切なのは記録することではなく「見直すこと」です。

収支の把握には、やっぱり家計簿が必要ですか？ 実は昔つけていたけど続かなくて……。

家計簿はどんなタイプのものを使ってたの？

アプリです。 でもしょっちゅう入力し忘れちゃってて（笑）。気づいたら口座残高と家計簿が全然合わなくなって、やめちゃいました。

家計簿は「必ず入力すること」「見直しすること」が大切だよ。入力忘れがあると家計簿の意味がなくなってしまうし、書いただけで満足して見直さなければ家計改善ができない。

なるほど。気がついたときだけ家計簿をつけていても意味がないんですね。

家計簿が続かない人の多くは、**家計簿をつける行動自体に満足してしまう、あるいは書き忘れで収支が合わなくなってやめてしまう**んだ。

ぎくっ。

お金を使ったその場で入力しやすいのはやっぱりアプリだね。**レシートをまとめて家で入力してもいいけれど、それだとレシートがもらえないお店の入力忘れが起こりやすい。レジでお金を支払ったらすぐ入力する**くらいの気持ちを心がけて。

レジで支払ったらその場で入力！ お金を払うのとアプリ入力をセットで行動します！

キャッシュレス決済……電子マネーやクレジットカードなど、現金を使わない決済方法。スムーズな支払いやポイントが貯まるメリットがある一方、うっかり使いすぎてしまうリスクも。

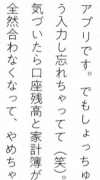

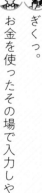

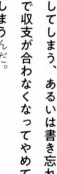

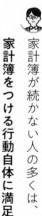

やること 家計簿アプリはこう使う!

使ったら必ず
入力する

1日1回支出を
見直す

収支を
管理する

スマホで
撮影して入力!

月末に収支をチェック

ココもPOINT

家計簿アプリの項目

- 家賃
- 通信費
- 食費
- 交通費
- 光熱費
- 教育費
- 日用品費
- 娯楽費　など

飲み会は食費ではなく娯楽費で入力するなど、項目分けルールを明確にしよう

家計簿アプリの魅力は、その手軽さです。入力も見直しも、思い立ったらスマホ1つで完結できる家計簿アプリは家計管理の強い味方。正しく使いこなしましょう。

知ること 人気の家計簿アプリはコレ!

家計簿アプリといえばコレ

Money Forward(マネーフォワード)

〈無料で使える機能〉

○ 自動連携(無料版は4件まで)
◎ レシート読み取り
× 資産推移

無料版の口座連携数は
減ったものの使いやすさ◎

無料で使える機能数No.1

Zaim(ザイム)

無料で使える機能は
Zaimが豊富!

「Zaim」は無料会員でも自動連携できる口座数に上限がなく、クレジットカードや銀行口座が多い人でも管理しやすいアプリです。

〈無料で使える機能〉

◎ 自動連携(口座数の上限なし!)
◎ レシート読み取り
○ 資産推移(無料版は1カ月分のみ)

レシート読み取りに特化したアプリ

ドクターウォレット

〈無料で使える機能〉

× 自動連携
◎ レシート読み取り
× 資産推移

オペレーターによる
正確なデータ入力が人気

家計簿アプリを選ぶときは、「自動連携機能」があるものがおすすめです。クレジットカードや口座振替の記録忘れ防止になります。ただし、見直しは忘れずに。ほかにも、入力が面倒くさいという人は「レシート読み取り機能」があると入力の手間が省けて便利です。

(「家計簿アプリ」とは……使ったお金を管理できるアプリ。銀行口座だけでなく、証券口座や仮想通貨(暗号資産)の口座とも連携可能なものもあり、資産を把握するのに役立つツールとして人気を集める。)

＼ 気になるトコロを1分で解決 ／

サクッとわかるQ&A

～収支バランス編～

Q 自分の資産がどのくらいあるかわかりません。何が資産になるのですか？

A 資産は「資産」「負債」「純資産」の3つで考えます。

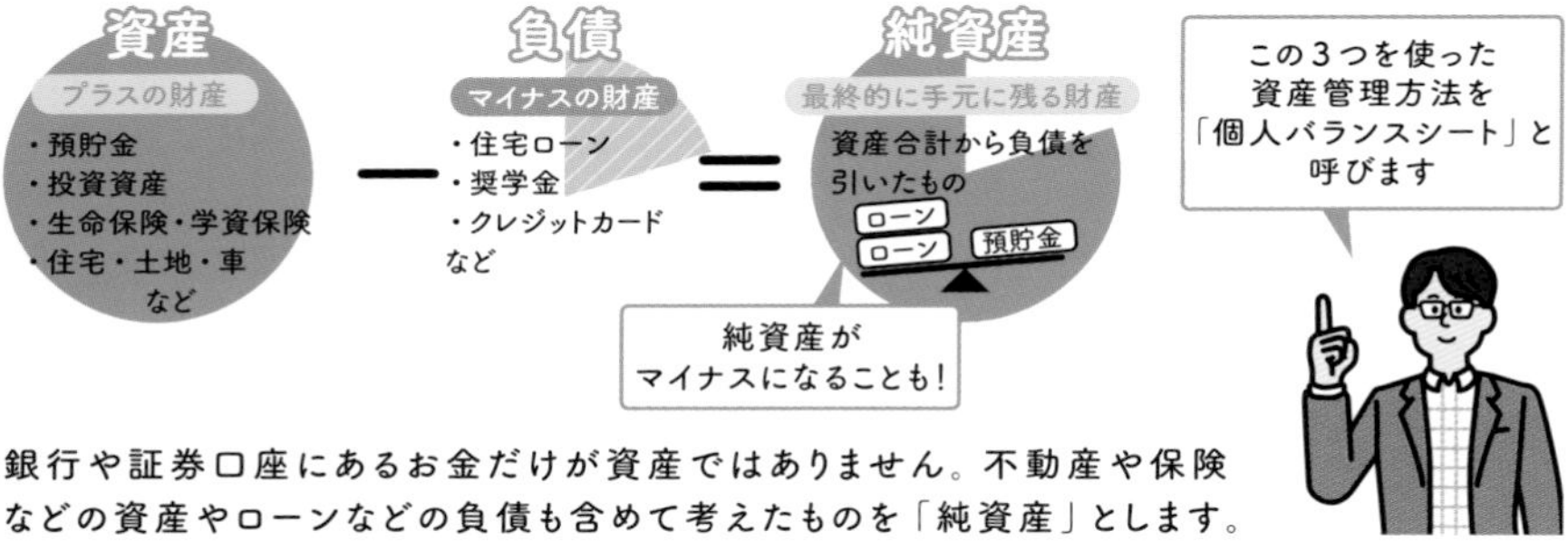

銀行や証券口座にあるお金だけが資産ではありません。不動産や保険などの資産やローンなどの負債も含めて考えたものを「純資産」とします。

Q 会社が毎月給与以外に負担している金額は？

A 額面の1.5割程度の社会保険料＋その他手当です。

例えば
月収25万円の
会社員を雇うために

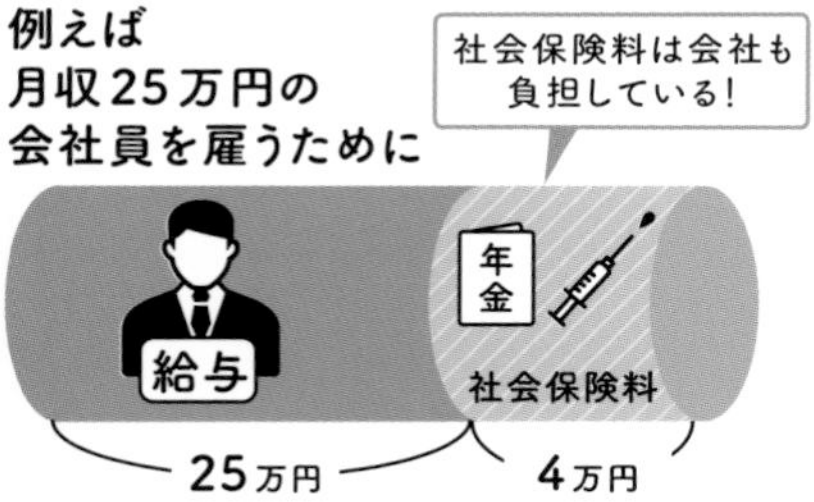

厚生年金や健康保険などの社会保険料は会社と従業員で折半します（労使折半）。会社は、給与として支給する金額のほかに社会保険料や福利厚生費なども負担しています。

Q　みんなどのくらい給与をもらってるの？

A　男性は30代後半から30万円台に。女性は20万円台で横ばいとなっています。

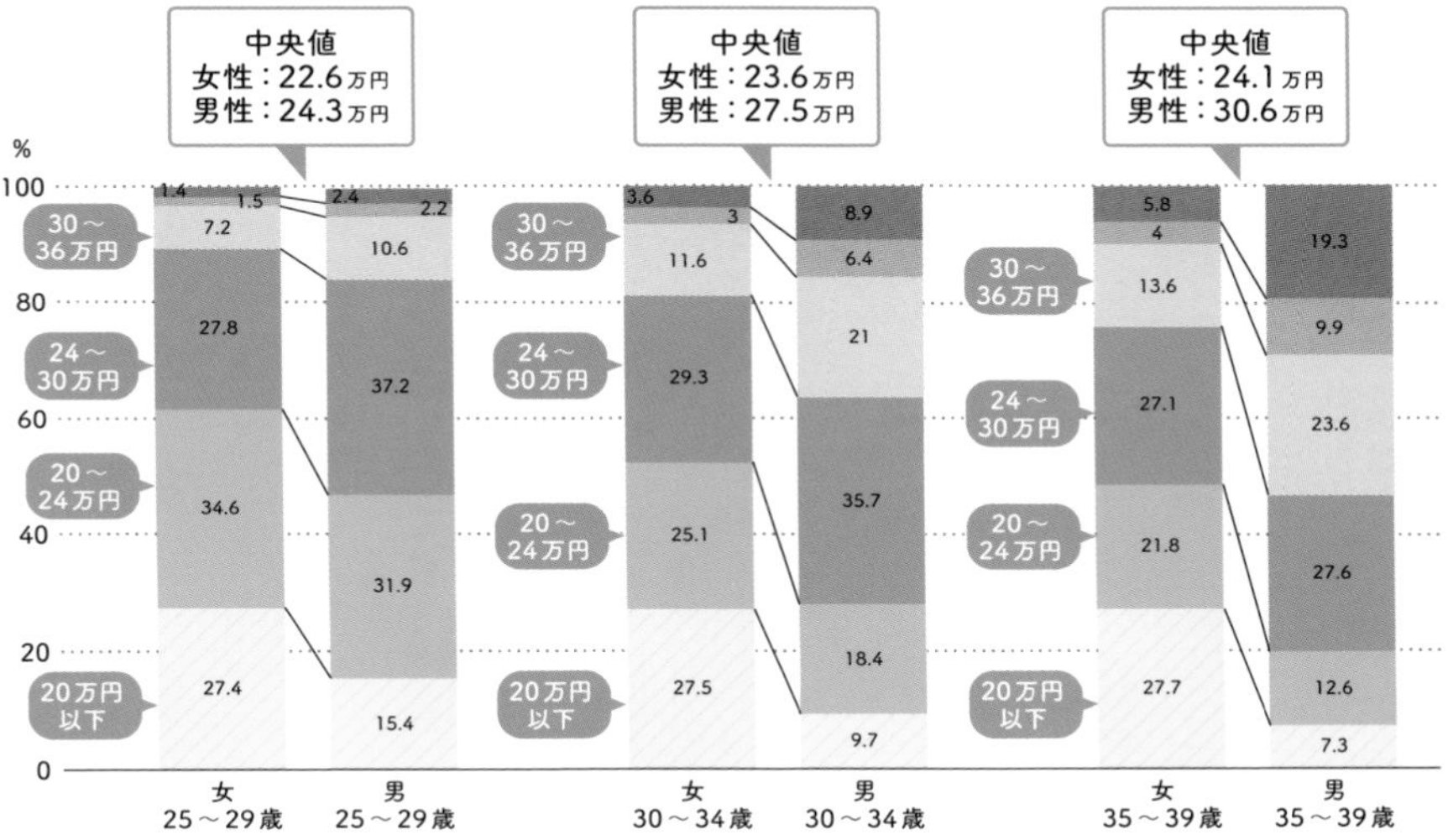

※厚生労働省「賃金構造基本統計調査2019年」より作成

20代は男女ともに給与の中央値は20万円台前半です。男性はその後、年齢が上がるとともに給与も上がり、30代後半では中央値が30万円台になります。女性は出産などで離職することもあり、年齢が上がっても中央値は20万円台前半のままずっと横ばいです。

Q　みんなどのくらい貯金や資産があるの？

A　年収300万～500万円の1人暮らしの4人に1人が貯金ゼロです。

■年収300万～500万円の1人暮らし世帯の貯金額

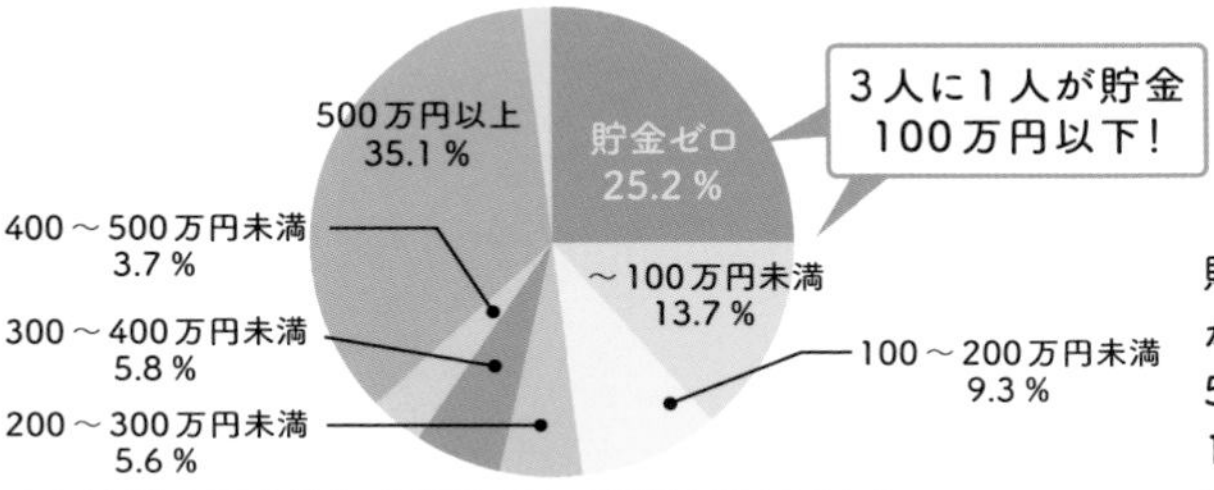

※金融広報中央委員会「家計の金融行動に関する世論調査2022年」より作成

貯金100万円以下の人が3人に1人である一方、500万円以上の人も3人に1人います。まずは100万円の壁を乗り越えましょう。

STEP 1

まとめ

(1) 自分のマネーリテラシーを知ることが大切 （P12）

(2) 投資に挑戦する前に家計の収支を把握しよう （P14）

(3) 給与明細の「出勤日数」と「時間外労働」の欄を確認しよう （P16）

(4) 税金や社会保険料は生活保障や公的サービスの財源 （P18）

(5) 支出は「固定費」と「変動費」に分けて管理する （P20）

(6) 家計簿アプリは続けやすく「見直し」しやすいものを選ぶ （P22）

焦らずじっくり
お金と向き合おう

STEP
2
マネープランを立てよう
～いくら必要でどうやって貯めればいい？～

ざっくり将来を想像してみよう

人生では、さまざまなイベントが起こり、多額の費用が必要となることが少なくありません。将来に備えて、必要となる金額を予想して準備しておきましょう。

自分の月々の収支を把握できるようになって、大きな成長を実感できています。本当にありがとうございました！

まだまだ序の口だから。せっかく家計を把握できるようになったので、次は14ページで言ったように、**将来どのくらいお金が必要になるかを想像して目標を立ててみよう。**

目標ですか。うーん。今より広いマンションに引っ越したいとは思っていますけど。

いいね。そんな風に、この先の人生でやりたいことや、お金が必要になるライフイベントを整理していくと、**自分がこれから貯めなくちゃいけない資金の大体の総額がわかるよ。**

なるほど。やりたいこと以外のお金が必要なライフイベントって、どんなのがあるんですか？

例えば、ご両親がある程度の年齢になると介護が必要になるかもしれないから、そのための費用は用意しておきたいよね。あまり言いたくないけど、亡くなったら葬儀費用も必要になる。

本当ですね……。**やりたいこと以外にかかるお金もちゃんと用意しておかないと、いざというときにどうにもならなくなってしまいますね。**

そのとおり。将来困らないためにも、まずはざっくりでも計算しておくことが大切なんだ。

「ライフイベント」とは……生まれてから死ぬまでの、一生涯で起こるさまざまな出来事のこと。大きなものでは「就学」「就職」「結婚」「出産」「子育て」があげられる。「自動車の購入」や「旅行」などもライフイベントに含まれる。

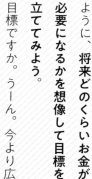

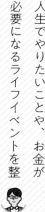

知ること
お金がかかるライフイベントは多い

結婚式
約303.8万円
※株式会社リクルート「ゼクシィ結婚トレンド調査2022」より

子どもの出産
1人あたり　約46.7万円
※厚生労働省「出産費用の実態把握に関する調査研究（令和3年度）の結果等について」より

親の介護
1人あたり　約99.6万円
（一時費用を除いた年額）
※公益財団法人生命保険文化センター「2021（令和3）年度生命保険に関する全国実態調査」より

自動車購入
一台につき　約209万円
※株式会社ホンダアクセス「クルマ選びとクルマの利用に関する調査2021」より

マイホーム購入
約3605万円
（建売住宅の平均購入価格）
※住宅金融支援機構「2021年度フラット35利用者調査」より

子どもの教育費
1人あたり　約574万円
（公立高等学校卒業まで）
※文部科学省「令和3年度子供の学習費調査」より

日常的に発生する生活費用のほかに、さまざまなライフイベントで多額のお金が必要になります。自分の将来を見据えて、早いうちからお金の準備をしておくことが重要です。

やること
ライフプランを立てて必要額を計算

■表に記入して将来のライフプランにいくら必要か計算してみよう！

予定年齢	歳	歳	歳	歳	歳	歳	歳	合計
項目								
費用	万円	万円	万円	万円	万円	万円	万円	万円

ココもPOINT
ほかにもこんなときにお金がかかる

●旅行・レジャー　●引っ越し　●リフォーム
●親族、知人の結婚祝い　●ペットの飼育
●病気、ケガ　●葬式　●老後の生活費　など

計画を立ててしっかり準備しよう

上の表に、ざっくりでいいので、何歳のときに何のイベントでいくら資金が必要になるかを記入して計算してみましょう。その金額を目安に、目標の貯金額を考えてみましょう。

人生の3大支出……一般的に人生の3大支出は「教育資金」「住宅資金」「老後資金」といわれている。これらの資金を用意するためには、長期的な計画を立てる必要がある。

人生3大資金を知ろう①教育費

教育費は「人生3大資金」の1つにあげられる費用です。子どものいる家庭では、学校や習い事に通わせるために多額の費用がかかることを覚えておきましょう。

ライフイベントとそれにかかるお金の話をしたから、**「人生3大資金」と呼ばれる、多くの人にとって一生で最もお金がかかる費用**について説明するね。

ひええ。興味はあるけど聞くのが怖いなあ。心が折れないといいけど。

怖がるような話じゃないよ。まず1つ目は教育費。**子ども1人に高校卒業まで教育を受けさせる場合、公立学校だと約574万円が平均額**になるよ。

高額だけど、幼稚園から数えて14～15年も通うんだから、仕方ないって思えます。でも、私立だともっと高いんですよね。

うん。**幼稚園から高校まで、全部私立の学校だと、平均額は約1840万円**とされているよ。

公立の3倍以上……。大学に進学するなら、さらにお金がかかりますよね。

国公立大学の学費は約242万円が平均。私立だと文系が約408万円で理系は約551万円が平均となっている。子どもが1人暮らしするなら、仕送りのお金も必要になるだろうね。

そんなに高額なんですね。世の中のお父さんお母さんは頑張っているなあ。

子育て世帯が利用できる国や地方自治体の助成金があるから、できるだけ利用して家計への負担を減らしたいところだね。

「子育て世帯」とは……3月31日時点で18歳未満の子がいる世帯のこと。「児童手当」「幼児教育・保育の無償化」「育児休業給付金」といった制度の対象は子育て世帯であることが条件となる。

知ること 01 公立と私立の差額は1000万円以上

幼稚園～高等学校の学習費の概算

	公立	私立
幼稚園	47万2746円	92万4636円
小学校	211万2022円	999万9660円
中学校	161万6317円	430万3805円
高等学校	154万3116円	315万6401円
合計	574万4201円	1838万4502円

※文部科学省「令和3年度子供の学習費調査」より

幼稚園から高校まで、ずっと公立か私立かで、学習費に1000万円以上も差が出ます。「学習費」は学校の授業料以外に、給食費や学校外の教育活動も含めた経費です。

大学の学費の概算

	国公立大学	私立大学（文系）	私立大学（理系）
合計	242万5200円	407万9015円	551万1961円

文系、理系でも約150万円の差

※文部科学省「「国公私立大学の授業料等の推移」、「令和3年度 私立大学入学者に係る初年度学生納付金平均額（定員1人当たり）の調査結果について」より

大学は国公立と私立の違いのほか、同じ私立でも文系か理系かで、学費に約150万円差がつきます。「学費」は、授業料や大学の設備の維持管理費として支払う金額です。

知ること 02 子どもの年齢に応じてもらえる助成金

0～15歳まで
児童手当
月額 5000円～1万5000円

3～5歳まで
幼児教育・保育の無償化
幼稚園、保育所の利用料が無料

高校生
高等学校等就学支援金
年間支給上限額 11万8800円
（公立高校の場合）

大学・専門学校など
高等教育の修学支援新制度
入学金 7万円～約28万円

ひとり親
児童扶養手当
月額 1万160円～4万3070円
（※児童1人目の場合）

地方自治体の
助成金制度を
使える場合も

子育て世帯を対象とした助成金制度は、種類によって対象や助成内容はさまざまです。自治体が独自の制度を設けている場合もあるので、お住まいの地域の制度を調べてみましょう。

「学習費」とは……子どもの教育にかかる「学校教育費」・「学校給食費」・「学校外活動費」の3つからなる費用。教育に関連する費用全般が対象となるため、学校以外に塾に通っている場合はその費用も含まれる。

STEP
2-3
マネープランを立てよう

人生3大資金を知ろう②住宅費

人生において、住宅費もとくにお金がかかる費用です。住宅は持ち家か賃貸か、新築か中古かといった選択によって金額が大きく変わるので、じっくり検討してみましょう。

続いて、2つ目に紹介する人生3大資金は住宅費だよ。

やっぱり。住宅費は絶対に入ってくると思ってました。

うんうん。3大資金のなかでも、ほとんどの人にとって**人生最大の出費になるのが住宅費**だからね。ただし、同じ住宅費でも、条件によってかなり差が出てくるんだ。

そうですよね。住宅って地域によって全然価格が違うし。**そもそも持ち家か賃貸かという選択肢もありますよね**。

そのとおり。持ち家にも賃貸にもそれぞれの利点があるから、多くの人が迷うポイントだよ。

結局、どっちのほうがお金がかかるんですか？

どの時点で比較するかで大きく違ってくるね。持ち家は最初のうちは賃貸よりもコストが高い傾向だけど、**住宅ローンを完済すれば月々の住居費用が大幅に安くなる**。長期的に見れば持ち家のほうが安くなっていくよ。

なるほど。賃貸は何十年先も月々の住居費用はあまり変わらないですものね。

あと、やっぱり**新築か中古という点も金額に大きく影響するね**。平均額を見ると、戸建てよりもマンションのほうが金額の差は大きい傾向なんだ。

マンションだと約1500万円も違うんだ。悩みますねえ。

「借入額」とは……借りている金額のこと。「借入金額」とも呼ばれる。住宅ローン、教育ローンでは、融資時に借り入れた金額を意味するが、カードローンやキャッシングでは現在借りている残高を指す。

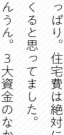

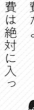

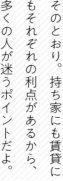

知ること 01　35年時点の費用は賃貸が有利

35年間でかかる費用目安

持ち家マンション費用

コスト	金額
住宅ローン（毎月10万円）	4200万円
管理費・修繕積立金（毎月2.5万円）	1050万円
固定資産税（毎年10万円）	350万円
リフォーム費用	200万円
購入手数料	252万円
合計	6052万円

賃貸マンション費用

コスト	金額
家賃（毎月10万円）	4200万円
管理費（毎月1万円）	420万円
敷金・礼金（1ヵ月ずつ）	20万円
更新料（2年ごとに更新）	170万円
合計	4810万円

持ち家は
ローン完済後に
月々のコストが
大幅に下がる

住宅ローンと家賃を同額の10万円として、マンションの持ち家と賃貸で費用を比較すると、35年時点では約1200万円も賃貸が安くなりました。ただし、持ち家は住宅ローン完済後に毎月10万円の支払いがなくなるので、もっと長期で見ると持ち家が有利になっていきます。

知ること 02　新築と中古で1000万円以上の差

戸建て

新築
3605万円
中古
2614万円

マンション

新築
4528万円
中古
3026万円

※住宅金融支援機構「2021年フラット35利用者調査」より

マンションのほうが
平均所要資金の
差が大きい

ココもPOINT

住宅ローンの借入額は年収の約5倍が目安

借入額	月々の返済額	総返済額
1500万円	4万6000円	1929万円
2000万円	6万2000円	2572万円
2500万円	7万7000円	3215万円
3000万円	9万2000円	3858万円

年収300万円で年収の5倍の1500万円を借り入れた場合、月々の返済は4.6万円。返済に無理のない範囲といえます。

※住宅金融支援機構「フラット35」ホームページ内のローンシミュレーションで計算。金利は1.5%に設定

新築か中古かによって、住宅購入費用に大きな差が出ます。2021年度のフラット35利用者調査による平均所要資金では、戸建てで約1000万円、マンションでは約1500万円もの差があります。

「フラット35」とは……民間金融機関と住宅金融支援機構が提携して提供する住宅ローン。全期間固定金利のため、借入のタイミングで金利と返済額が確定する。返済期間は最長で35年。

人生３大資金を知ろう③老後生活費

現代の日本で、多くの人が不安に感じている老後生活費も「人生３大資金」の１つです。いくら必要になるかの見通しを立てて、若いうちから準備を始めましょう。

人生３大資金の最後の１つは老後生活費だ。

へー。まだまだ先のことすぎて、あんまり想像ができないな。

そうだよね。でも、**高齢になって退職すると仕事による収入がなくなる**から不安を感じている人も多いんだよ。

そういえば、老後の生活のために２０００万円用意しておかないといけないって、一時期よく聞きましたね。そんな大金……。大丈夫かなあ。

２０００万円は１つの目安で、実際に必要な金額は人それぞれだよ。**一般的に数千万円、少なくとも数百万円は必要になる**といわれているね。

何歳まで生きるかで変わると思うけど、そんなのわからないから難しいですね。

そうそう。人によって違うから見通しがつけにくいね。総務省統計局の２０２２年の家計調査報告では、**65歳以上の夫婦のみの無職世帯の家計収支は毎月約２万２０００円程度不足する**とみられているよ。

もっと不足額が大きいと思ってました。それぐらいだったら、節約を頑張れば貯蓄額が少なくてもなんとかなるかも。

贅沢しなければそうかもね。ただし、年金がきちんともらえることが前提だから、未払いがあるなら注意が必要だよ。

「家計調査」とは……総務省統計局が国の政策立案の参考資料とするために実施する統計調査で、国民の生活における家計収支を調査している。全国の世帯が調査の対象となっている。

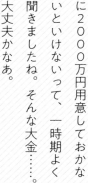

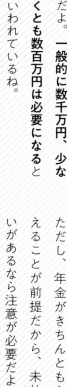

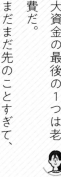

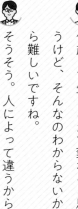

知ること 01 老後は毎月約2万2000円不足する

65歳以上の夫婦のみの無職世帯の家計収支平均

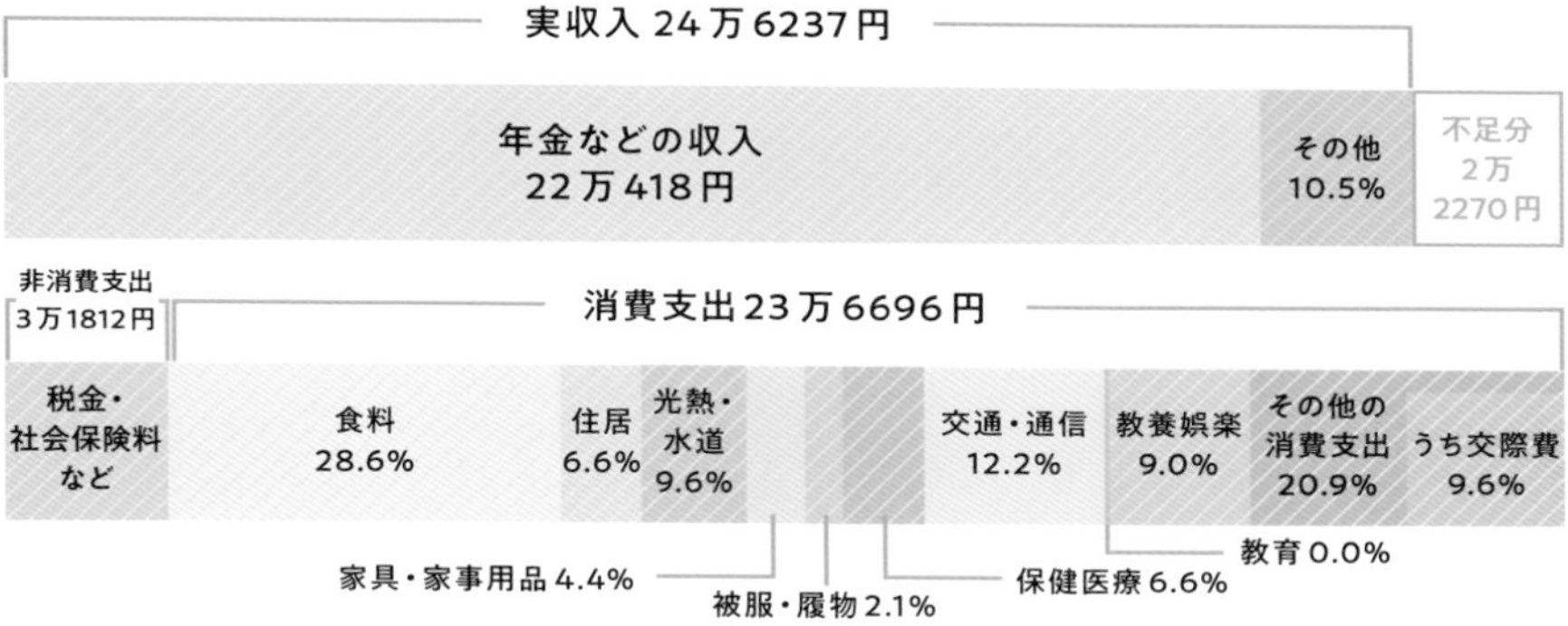

※総務省統計局「2022年（令和4年）家計調査報告」より

上の図の収支を見ると、支出に対して毎月約2万2000円程度収入が不足しています。この差額を埋めるためには、前もって貯金をしておくか、節約に励むことが必要となるでしょう。

知ること 02 日常生活だけなら約23万円で済む

ゆとりある老後生活費　＝　平均37万9000円

ゆとりある生活のための上乗せ額の使用用途

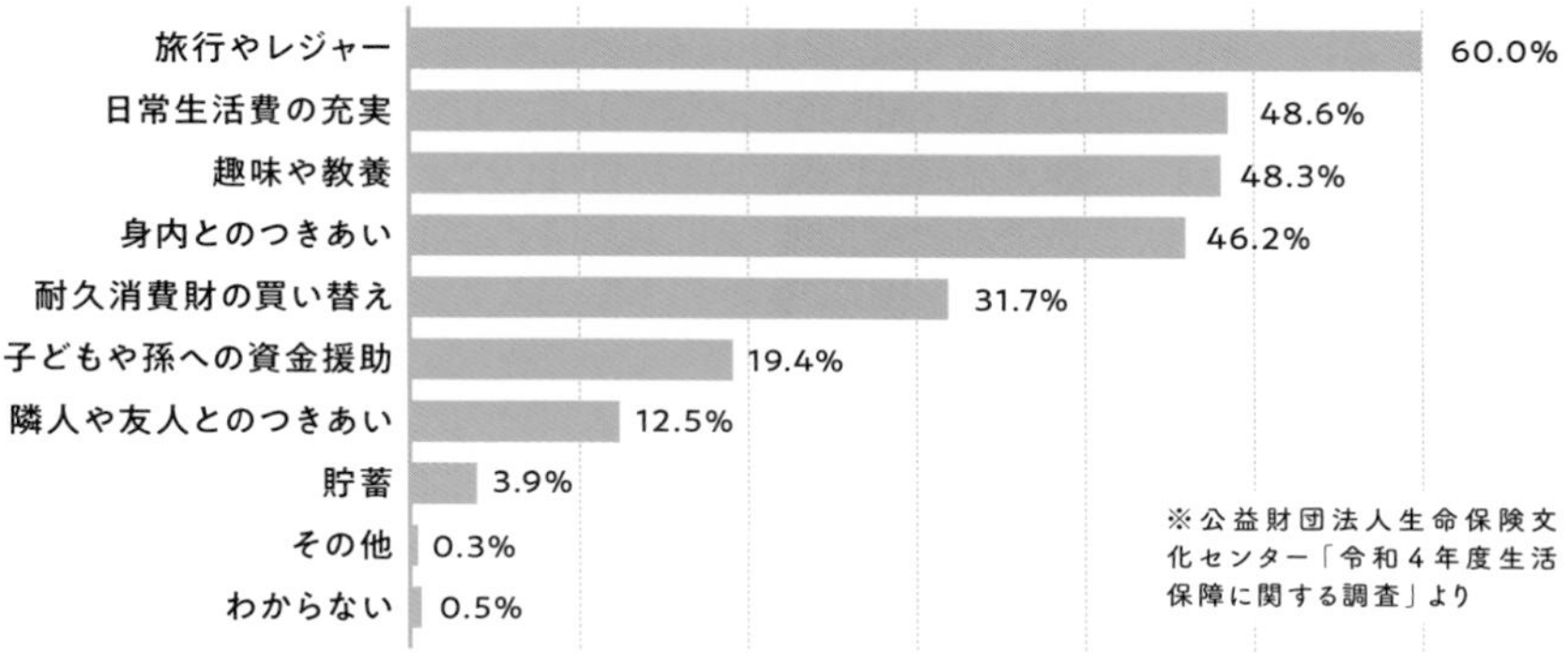

※公益財団法人生命保険文化センター「令和4年度生活保障に関する調査」より

老後に夫婦2人でゆとりある生活を送るために平均で毎月37万9000円が必要という結果が出ています。これは、最低日常生活費23万7000円とゆとりのための14万8000円を合算した金額です。つまり、日常生活だけなら、約23万円で足りるのです。

「公益財団法人生命保険文化センター」とは……「消費者啓発・情報提供活動」「学術振興事業」「調査活動」などを行う公益財団法人。国民生活の安定向上、国民の利益の増進に寄与することを目的としている。

老後の収入①公的年金はいくらもらえる？

老後にどのくらい年金を受け取れるかは、誰もが気になるもの。そんなときは「ねんきん定期便」や「ねんきんネット」を見て、加入状況と支給予定額を確認してみましょう。

老後生活費の話を聞いていて気になったのですが、年金ってどれぐらいもらえるんですか？

厚生労働省が公表している「令和3年度厚生年金保険・国民年金事業の概況」では、厚生年金の月額平均受給額は14万3965円となっているね。中野さんは正社員だから、これを目安にしよう。

そうなんですね。でも**年金って納付し始めてから受取開始までに何十年もある**から、いざ老後になって受け取ってみたら、思っていたよりも少ない金額で大パニックなんてことがありそうで怖いな。

それなら、「ねんきん定期便」を確認するといいよ。

ねんきん定期便って、たまにポストに届くハガキのことですか？　よくわからなくて、ちゃんと見たことなかったです。

そうそれ。ねんきん定期便を見れば**直近の年金の納付状況や加入実績に応じた年間支給予定額**がわかるよ。**年に1回届くから、次からはよく見てね。**

知らなかった……。ほかにも自分の年金の加入状況を調べる方法ってありますか？

「ねんきんネット」があるね。こっちでも自分の年金の加入記録や年金見込額を見られるんだ。インターネットで好きなタイミングで見られるから便利だね。

「ねんきん定期便」とは……年に1回届く、個人の年金記録を記載したハガキサイズの通知書。35歳・45歳・59歳の年には、全期間の情報をまとめた資料が封書で送られてくる。

知ること 厚生年金加入者は約9万円有利

国民年金加入者

受け取れる年金：
老齢基礎年金

自営業者や専業主ふが該当

月額
5万6621円

厚生年金加入者

受け取れる年金：
老齢基礎年金＋厚生年金

会社員や公務員が該当

国民年金加入者よりも約9万円多い

月額
14万3965円

※厚生労働省年金局「令和3年度厚生年金保険・国民年金事業の概況」より

自営業者などの国民年金のみに加入している人と、会社員や公務員などの国民年金と厚生年金の両方に加入している人とでは、毎月受け取れる年金の額に差が出ます。厚生年金の金額は収入により変動するため一定ではないですが、約9万円もの差が出ることもあります。

やること ねんきん定期便は3点を確認

■ハガキの以下の①～③をチェック

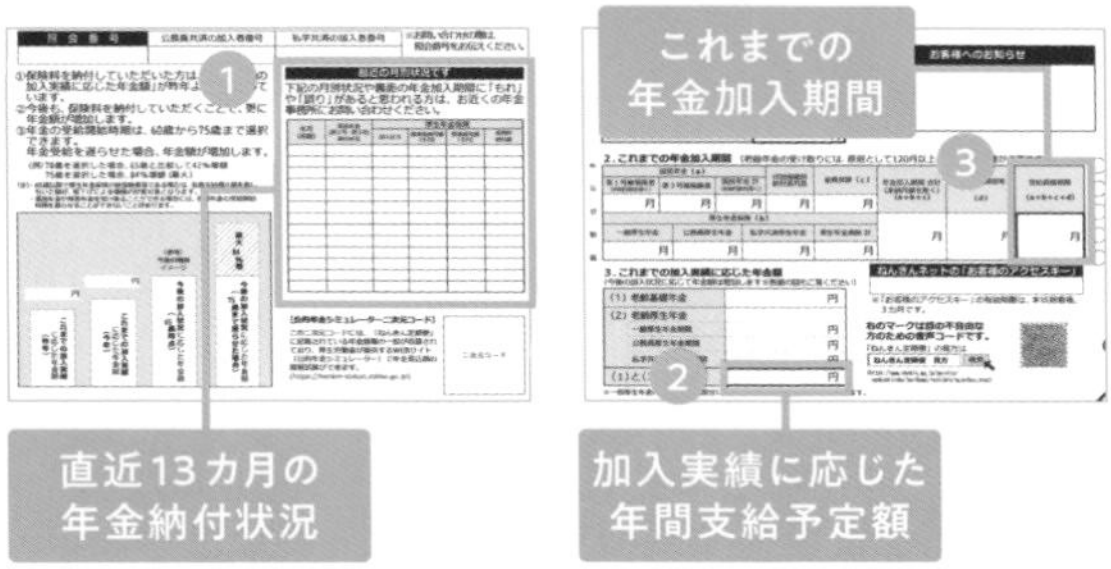

ココもPOINT

便利なねんきんネットも活用

- 年金記録の確認
- 年金額の試算
- 電子版「ねんきん定期便」の確認

がができる!

「ねんきんネット」日本年金機構

※サービスを利用するためには、マイナンバーカードかねんきん定期便に記載のあるアクセスキーが必要

ねんきん定期便は、毎年誕生月に圧着式ハガキで届きます。ただし、35歳・45歳・59歳になる年だけは、A4の封書で全期間の加入歴が見られる資料が送られてきます。

「ねんきんネット」とは……日本年金機構が運営する、年金の記録を確認できるインターネットサイト。ねんきん定期便同様に、加入記録や支給予定額の確認が可能。利用するためには登録が必要となる。

老後の収入②退職金・企業年金がある人も

老後資金を支えるものには、現役時代の貯蓄、退職金、そして年金があります。退職金制度がない代わりに、企業年金を導入する企業も増えています。

父親に「お前の会社の退職金は大丈夫なのか？」と聞かれたんですけど、退職金がもらえるのか自分でもわかりません。

退職金は企業の規模や勤続年数によって異なるからね。**平成30年度の厚生労働省の調査では、退職金制度のない企業は約20%。退職金が出ない企業は珍しくない**時代になったんだ。

退職金がもらえないと、老後の生活はどうするんですか？

代わりに、企業が毎月お金を積み立てて運用する企業年金を導入しているケースも。

企業年金、会社で説明されたような、されていないような……。

企業年金は、もらえる額があらかじめ決まっている「確定給付企業年金」と、毎月の掛金が決まっている「企業型確定拠出年金」の2種類があるよ。

働いていた会社から、退職したあとも年金がもらえるなんて、なんだか素敵ですね。

自分の勤務先が企業年金に加入しているか把握していない人は意外と多い。**もし加入状況がわからなければ、人事部や総務部に確認してみるといい**よ。

自分の将来にかかわる大切なことですもんね。明日さっそく聞いてみます！

加入している場合は、**年に1回は運用通知書で運用成果のチェックも忘れずに。**

「退職金」とは……退職時に企業から退職者へ支払われる金銭。退職金の受取時には退職所得として所得税と住民税が課せられるが、勤続年数に応じて退職所得控除が適用される。

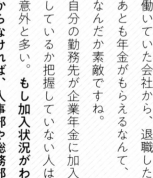

知ること　DBと企業型DCの違いを知ろう

DB（確定給付企業年金）

もらえる額が決まっている

運用も拠出も企業にお任せ

企業型DC（企業型確定拠出年金）

拠出額（掛金）が決まっている

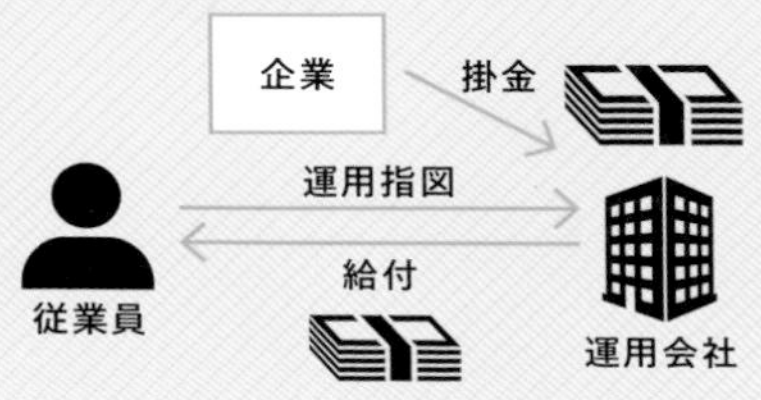

運用方針は自分で決める

企業が用意してくれている年金だよ

企業年金には、もらえる額が決まっているDBと、掛金が決まっている企業型DCの2種類があります。運用方針の違いを理解しましょう。

やること　定期的に資産状況をチェックしよう

加入状況の確認

- 人事部や総務部に聞く
- 就業規則を確認する

運用状況の確認

年に1回以上届く運用通知書で確認

現在の資産評価額	●●年●月●日現在
（A）資産評価額	2,021,207円
（B）拠出累計額	1,617,427円
（C）給付金累計・移換金送金額	0円
（D）評価損益（A-B+C）	403,780円
（E）個人別資産管理額（A-F）	2,005,285円
（F）解約控除額等	15,922円

見るのはココ
（A）現在の資産額
（B）今までの掛金
（D）どれだけ増えた（減った）か

毎月2万円の掛金を利率3.0％で30歳から60歳まで運用したとき

元金720万円 ➡ 1165万円に　30年で約1.6倍！

企業年金に加入している場合、年に1回以上運用通知書が届きます。現在の運用成果を定期的に確認しましょう。

「掛金」とは……定期的に支払ったり、積み立てたりする金銭のこと。年金制度では支払われる年金や一時金の給付にあてる原資として払い込まれる資金を指す。また、保険契約においては毎月の保険料が該当する。

目標額達成には毎月いくら貯めればいい？

貯金が苦手な人の多くが、ゴールからの逆算ができていません。「いつまでに」「どのくらい」貯めたいか把握することで、貯金のモチベーションが上がります。

なんとなく、貯金しなきゃとは思うんです。でも、今しかできないこともあると思うと、無理に貯めなくてもいいかなぁって使っちゃうんですよね。

貯金そのものが目標になってしまうと、モチベーションは上がりにくい。**漠然と「貯金しよう」と考えるより「何のためにお金を貯めるのか」をハッキリさせたほうがいい。**

欲しいものを決める、とかそういうことですか？

目標金額は大きくても小さくても大丈夫。例えば「1年後に国内旅行に行きたい」とかね。それで1年後までに10万円貯めよう、みたいな。

10万円と聞くと大きい金額に感じるけど、1年後までに用意すればいいなら毎月の貯金額は1万円以下。これなら私でも貯められそう！

そうやって**「何のために」「いつまでに」「いくら」貯めるのかゴールを明確にすると、毎月の貯金額もわかりやすくなる。**

「このペースで貯金できたら○カ月後には○○が買える」と考えたら、続けられそうです。

目標貯金額から逆算するくせをつければ、**住宅や老後の資金など大きい金額の貯金も無理のないペースで用意できる**はず。次ページの計算表に、実際に記入してみよう。

（ライフプランニングシート……将来のライフイベントをリストアップし、それにかかる費用を書き出して見える化する表のこと。ファイナンシャルプランナーの顧客相談業務で活用されることが多い。）

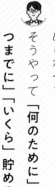

知ること 毎月の貯金額は目標額と期間で決める

200万円の
自動車を買いたい

1年で貯めるなら

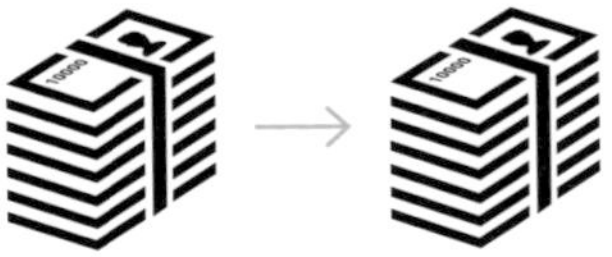

200万円÷1年÷12カ月≒**16.6**万円

目標額　貯金期間　毎月の貯金額

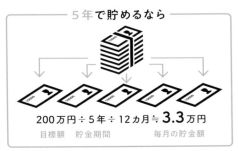

5年で貯めるなら

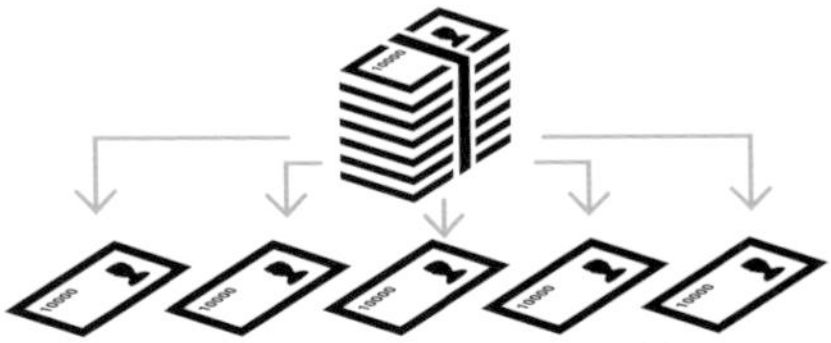

200万円÷5年÷12カ月≒**3.3**万円

目標額　貯金期間　毎月の貯金額

目標額を貯めるまでの期間が長いほど、毎月の貯金額は少なくて済みます。無理のないペースで貯金するために、早めの目標設定が大切です。

やること 毎月の目標貯金額を計算しよう

実際に記入してみよう

必要なお金　　　万円　÷　何年で用意する？　　　年

目標達成年齢－今の年齢

÷ 12 ＝　毎月の貯金額　　　万円

ゴールがわかると
貯金しやすい

貯金が苦手な人は、欲しいものを臨時収入や貯金でポンと買ってしまいがち。それでは住宅や老後など大きな資金が必要なときに対応できません。長期的な計画を立てましょう。

タイムバケット……「死ぬまでに人生でやりたいこと100のリスト」を英語でバケットリストという。これが転じて短い時間単位でやりたいことを具体的にリスト化してできたものをタイムバケットということも。

預貯金のデメリットを知っておこう

「投資は怖い。銀行に預けるのが一番安全」と考えていませんか？資産のすべてを預貯金に回すのは実は危険。預貯金のデメリットを理解しておくことも大切です。

先生、親は「投資なんて危険。貯金が一番安全」と言っているのですが、本当でしょうか？

いい質問だね。まず、貯金が安全という認識は必ずしも正しいとはいえない。確かに昔は銀行の金利も高く、10年間預ければ倍になる時代だった。**親世代の人たちは、投資とは無縁でも資産形成ができたんだ。でも今は超低金利時代だから、銀行に預けてもほとんど増えない**よ。

でも、やっぱり投資で失敗してお金が減るのは怖いです。貯金なら増えなくても、預けた金額は保障されるじゃないですか？

それはどうかな。預貯金にはデメリットもある。

預貯金のデメリットなんて想像できません。

預貯金の一番のデメリットは「インフレに対応できない」こと。例えば最近、どこに行っても値上げを感じない？

そういえば、今までは500円だったコンビニのお弁当が同じ金額で買えなくなりました。

それがインフレ、物価上昇だよ。**預貯金だとお金は増えないのに、モノの値段はどんどん上がっている。つまり、お金の価値が下がっている状態**なんだ。

お金の価値が下がるなんて、考えたこともなかったです。

インフレに負けないペースでお金を増やすことが大切だよ。

「金利」とは……預金や投資、借入金の金額に対して支払われる年間利息の割合のこと。1年間の利息をパーセンテージで示し、投資における「利回り」と同じ意味を持つ。

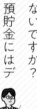

知ること 01 預金と投資じゃ、こんなに違う!

■預貯金と投資の比較

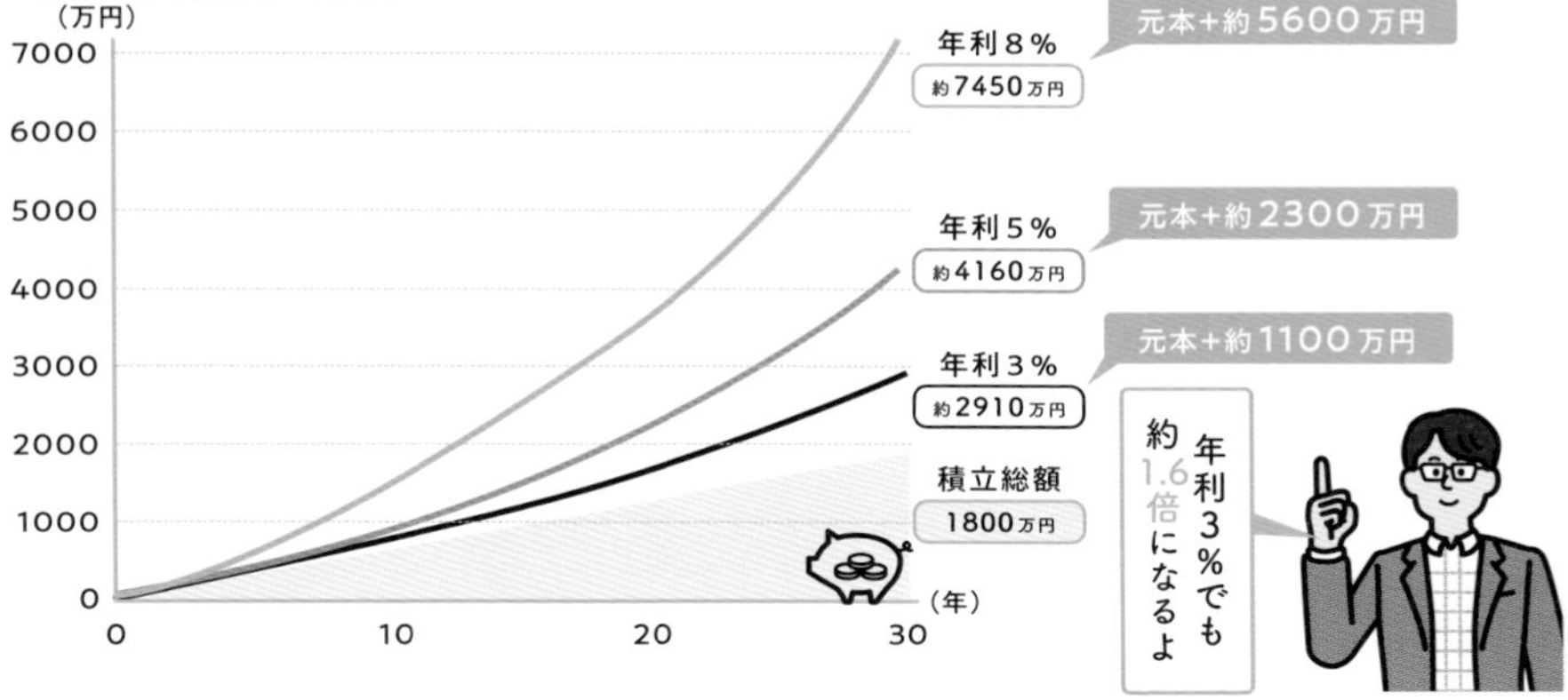

毎月5万円を年利3%で運用すると、30年間で約1100万円の運用益が期待できます。年利5%だと運用益は約2300万円。預貯金だけの場合と比較すると大きな差が生まれます。

知ること 02 “預貯金だけ”だと危険な理由

■物価上昇に対応できない

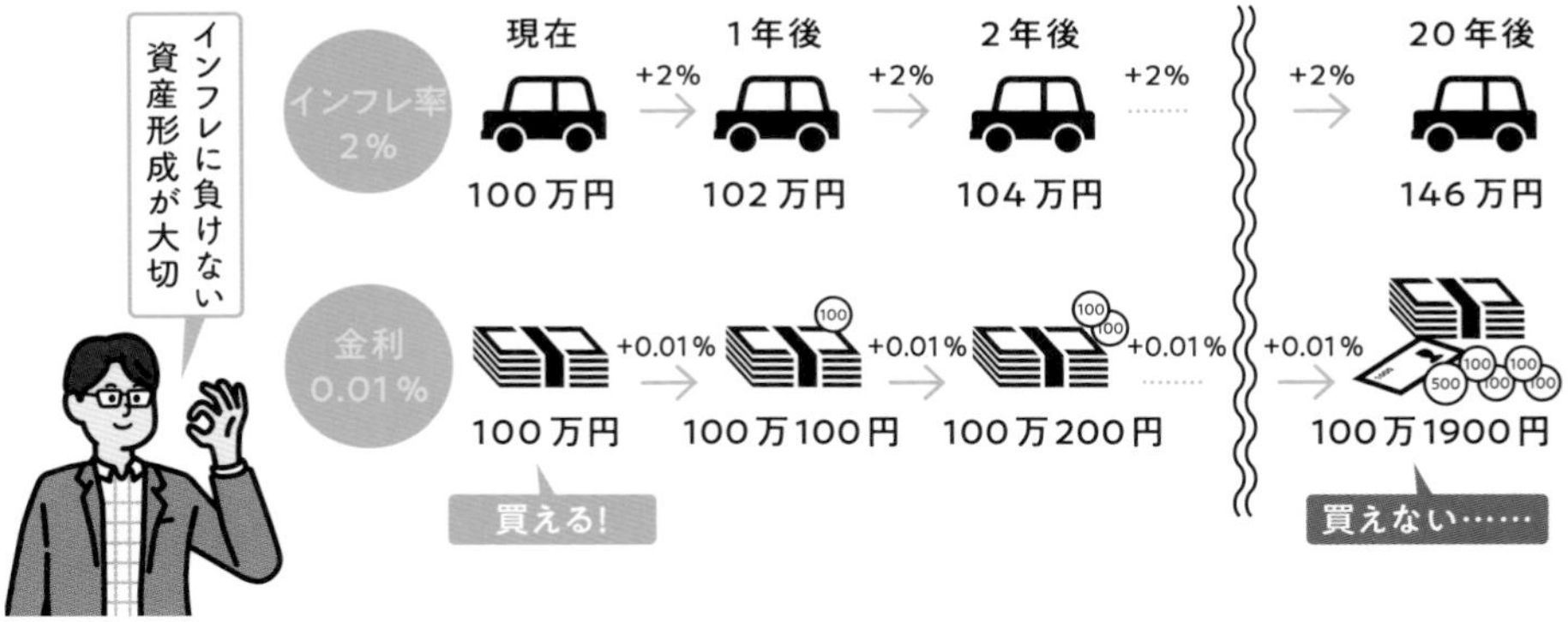

日本銀行は物価安定の目標として、消費者物価の上昇率を2%としています。銀行の金利は0.01%程度であり、この差の分だけ、どんどん資産の価値は減っていきます。

「インフレ」とは……インフレーションの略で、商品やサービスの値段(物価)が上昇すること。インフレが続くと、同じ金額でモノが買えなくなり、現金の価値は実質目減りする。

STEP 2-9

マネープランを立てよう

お金を増やすルーティンを作ろう

資産を増やすには、「支出を減らす」「収入を増やす」そして余剰資金を「投資で育てる」ことが大切です。このルーティンで、お金が貯まりやすくなります。

お金を増やすために投資が必要なのはわかりました。でも、投資に回すお金がないんです。

投資は余剰資金でやるのが鉄則。この余剰資金を捻出するためには「支出を減らす」「収入を増やす」ことが大切だよ。

具体的には何からやればいいんですか?

難しく考える必要はない。支出を減らすことも、収入を増やすことも、日々のルーティンにしてしまえばいいんだ。

ルーティンって、「モーニングルーティン」とかの?

そうそう。①日々のちょっとしたムダづかいを減らしたり、固定費を見直したりして支出を減らす。②転職や副業も検討しつつ収入アップを目指す。③それをくり返して**「収入ー支出」額を増やして投資で育てる。①〜③の流れを日常の一部にすれば、自然とお金は増えていく**よ。

節約や収入アップ、どちらかだけを頑張るんじゃなくて、どちらも大切なんですね。

もちろん人によって、支出を減らすのが得意な人もいれば、収入を増やすほうが簡単な人もいる。**自分が無理なく取り組める方法から始めてみよう。**

私は、固定費の見直しから始めてみようかな。空いた時間にできそうな副業を探してみてもいいかも!

「副業」とは……本業以外に従事している仕事を指す。本業以外で収入を得ている場合はすべて副業である。近年では副業解禁する大手企業も増えている。(詳しくはP80)

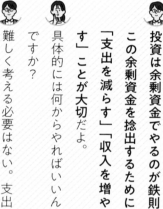

知ること　支出減・収入増・投資のくり返しが大切

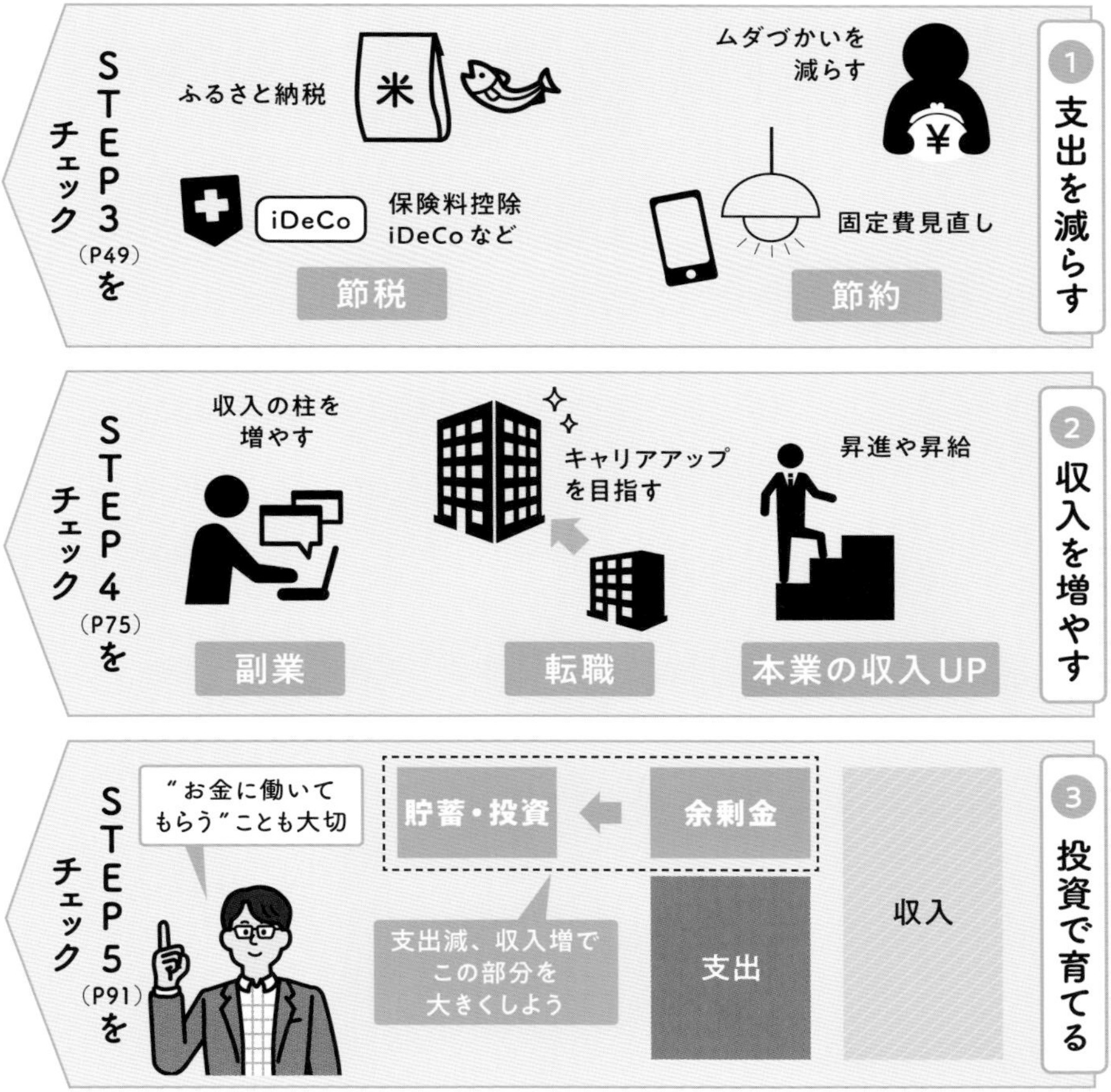

①から③をくり返すことで

目標額達成につながる

資産を増やす方法は「支出を減らす」「収入を増やす」そして「投資で育てる」です。この3つをくり返して、お金の貯まりやすいルーティンを作りましょう。

「iDeCo」とは……「個人型確定拠出年金」のこと。公的年金とは別に、自分で掛金を拠出、運用して用意する私的年金制度の1つ。加入は任意であり、掛金は全額所得控除される。(詳しくはP108)

＼ 気になるトコロを1分で解決 ／

サクッとわかるQ&A

～マネープラン編～

Q 年金制度って破綻しないの？

A 今後100年は年金原資が持続するように、国が運用しています。

◎2001年度以降の累積収益

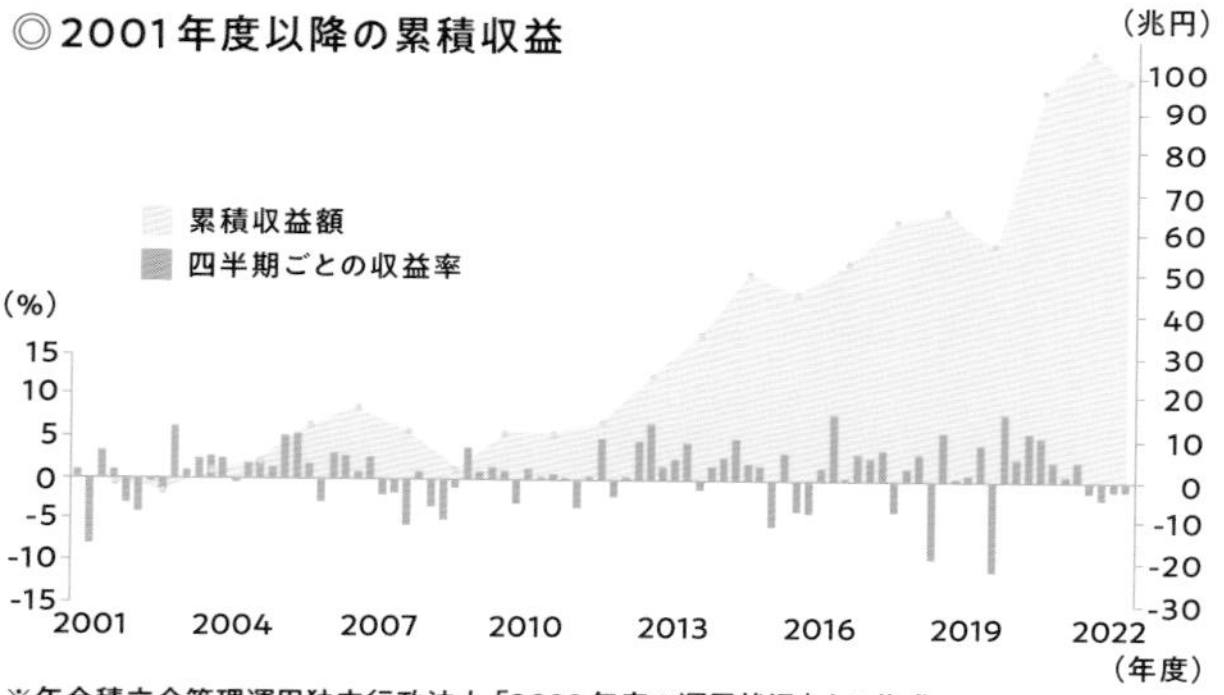

※年金積立金管理運用独立行政法人「2022年度の運用状況」より作成

2001年から2022年までの運用収益率は＋3.38％(年率)

私たちが納めた年金保険料の年金支払いにあてられなかった分は、GPIF（年金積立金管理運用独立行政法人）が運用しています。人口減少で財源の確保が難しくなっても、運用益で給付が持続できるように備えています。

Q 将来もらえる年金額を無理なく増やすには？

A 年金は繰り下げで増額します。

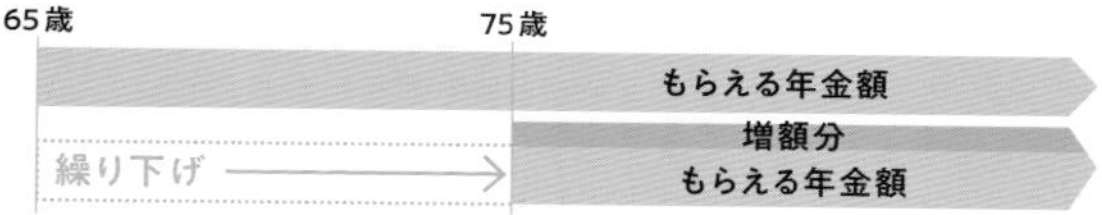

例：5年繰り下げた場合
60カ月×0.7％＝**42％**

老齢年金は原則65歳からの受給ですが、受給開始を繰り下げると繰り下げ月数×0.7％増額されます。75歳までの最大10年間、84％の増額が可能です。

Q 老後にもらえるかわからないのに、年金を払う意味はあるの？

A 若くても万が一のときの保険としてもらえることも。

遺族年金

亡くなった人の家族がもらえる年金

■遺族年金がもらえる人と年金の種類

高 優先度 低

遺族

子のある配偶者 → 子 → 遺族厚生年金 ＋ 遺族基礎年金

配偶者（子なし） → 父・母・孫・祖父母 → 遺族厚生年金

障害年金

障がいを負ったときに受け取れる年金

障害等級	1級	2級	3級
障害基礎年金（67歳以下の場合）	99万3750円	79万5000円	―
障害厚生年金（67歳以下の場合）	報酬比例年金額×1.25	報酬比例年金額	報酬比例年金額（最低保障59万6300円）

子1人につき＋22万8700円
第3子以降は7万6200円

配偶者加算
＋22万8700円

※金額はいずれも2023年度の年間受取額

公的年金には老齢年金だけでなく、障害年金や遺族年金もあります。要件を満たせば若いうちから受給する可能性もあり、いざというときの保障になります。

Q なんでこんなに投資をすすめる人が多いの？

A お金の価値は時代によって変わるから。

インフレとは、モノやサービスの値段（物価）が上がること

例えば牛乳（1L）の値段の変化は

2018年 205円 → 5年間で12％UP！ → 2023年 230円

※総務省統計局「小売物価統計調査による価格推移」より作成

P43で説明したように、預貯金の金利では物価上昇に対応できません。投資ならインフレ上昇率以上に資産を増やせる可能性があります。

ココもPOINT

ほかにもこんなものが値上がりしている

電気代	魚（鮭や鯖）	ガソリン
＋23％	＋26％	＋18％

※いずれも2018年1月と2023年1月の比較

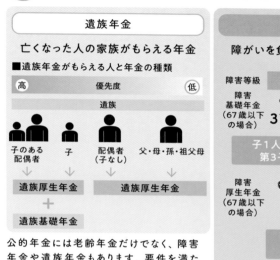

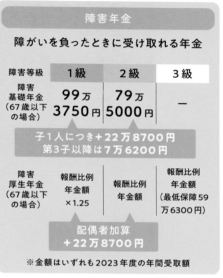

STEP 2 まとめ

1. 将来お金が必要になるライフイベントを整理しよう （P28）

2. 子育て世帯を対象とした助成金制度を調べよう （P30）

3. 年金受給額は「ねんきん定期便」で確認できる （P36）

4. 勤務先の退職金制度・企業年金制度を把握し活用しよう （P38）

5. 預貯金だけだと資産価値は目減りする （P42）

6. 収入と支出を見直して余剰資金を投資で育てよう （P44）

マネープランは
早めに立てる
ことが大切

STEP 3

出費を減らそう

～今日から無理なくできる節約＆節税～

STEP
3-1
出費を減らそう

まずは「赤字」をなくそう

自分の支出入や将来必要なお金を把握したら、次は家計の黒字部分を増やしていきましょう。出費の種類を色分けして「浪費」から減らすのがポイントです。

想像できるライフイベントだけでも、結構お金がかかるんですね。貯金ゼロから本当にこれだけ貯められるんでしょうか。

金額が大きいと、本当に貯められるのか不安になるよね。でも、STEP1で学んだように、**まずは目先の家計管理をきっちり行うのが大事だよ。**

給与明細はしっかりと確認して、家計簿もつけています！ ただ、赤字の月もあって……。やっぱり節約は必須ですよね。

もちろん、家計の黒字化が貯蓄への第一歩。でも、なんとなく安いものを買うだけでは、実は思っているよりも出費は減らせないもの。「そんなにお金を使っていないはずなのにお金がない」って思うことはない？

あります！ 贅沢はしていないはずなんですが……。

そこで意識したいのが、**支出を「ショウ（消費）・ロウ（浪費）・トウ（投資）」の3つに分けて把握すること。**「消費」にあてはまるのは、生きていくうえで必要な出費だね。生活をより豊かにする出費は「浪費」、今後自分のためになって返ってくるような出費は「投資」と考えるんだ。**消費や投資よりも、浪費から節約するのが無理なく黒字化させるポイントだよ。**

思ったより浪費の割合が多いので、ここから削ってみます。

「（自己）投資」とは……投資には、資産運用の意味だけではなく、自分の持つ能力や人間性を成長させるための「自己投資」という考え方もある。厳密な定義があるわけではないが、将来のために費用をかけることを指す。

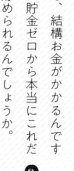

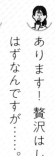

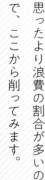

やること 支出を「ショウ・ロウ・トウ」で分ける

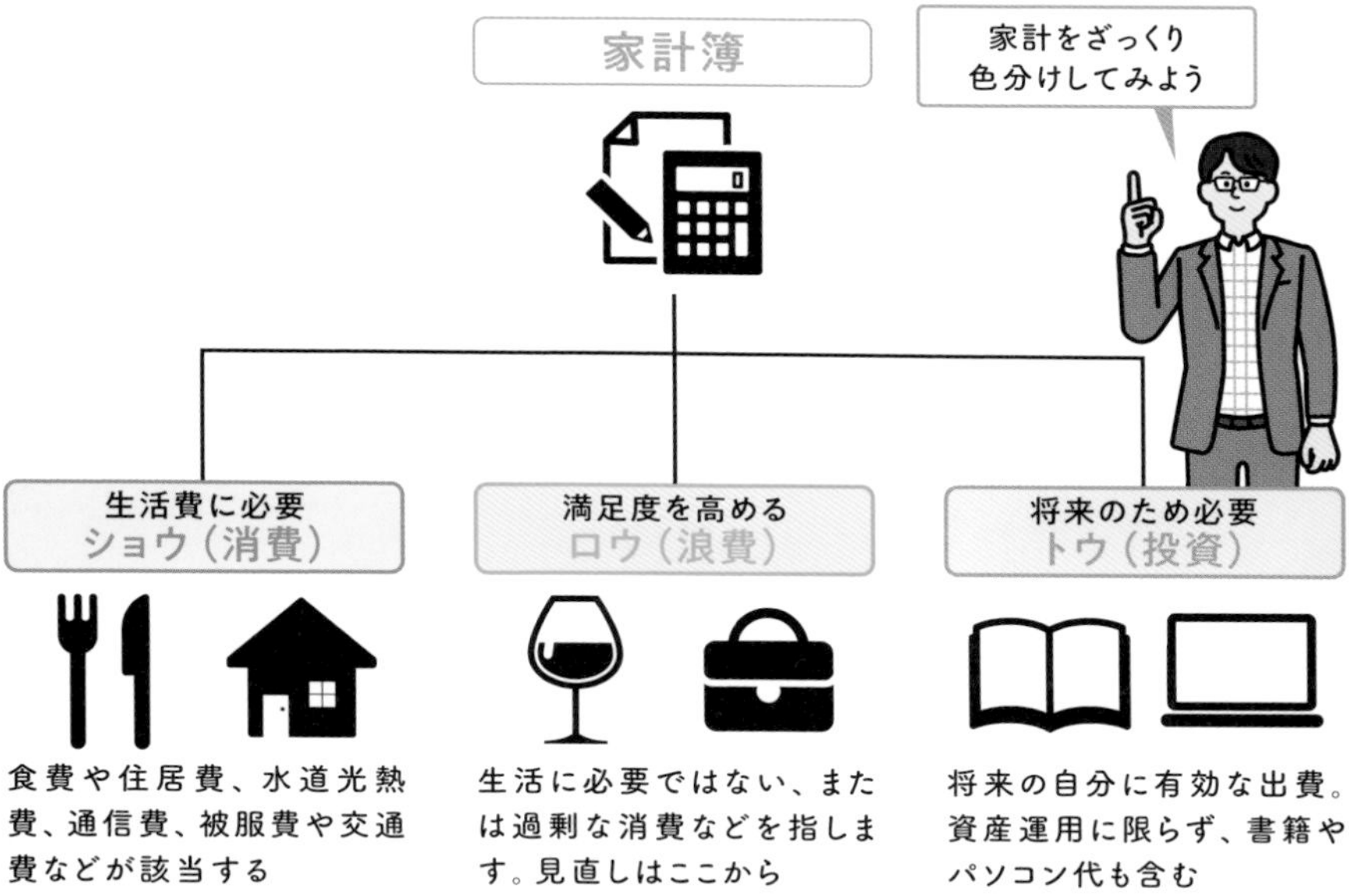
家計簿
家計をざっくり
色分けしてみよう
生活費に必要
ショウ（消費）
満足度を高める
ロウ（浪費）
将来のため必要
トウ（投資）
食費や住居費、水道光熱費、通信費、被服費や交通費などが該当する
生活に必要ではない、または過剰な消費などを指します。見直しはここから
将来の自分に有効な出費。資産運用に限らず、書籍やパソコン代も含む

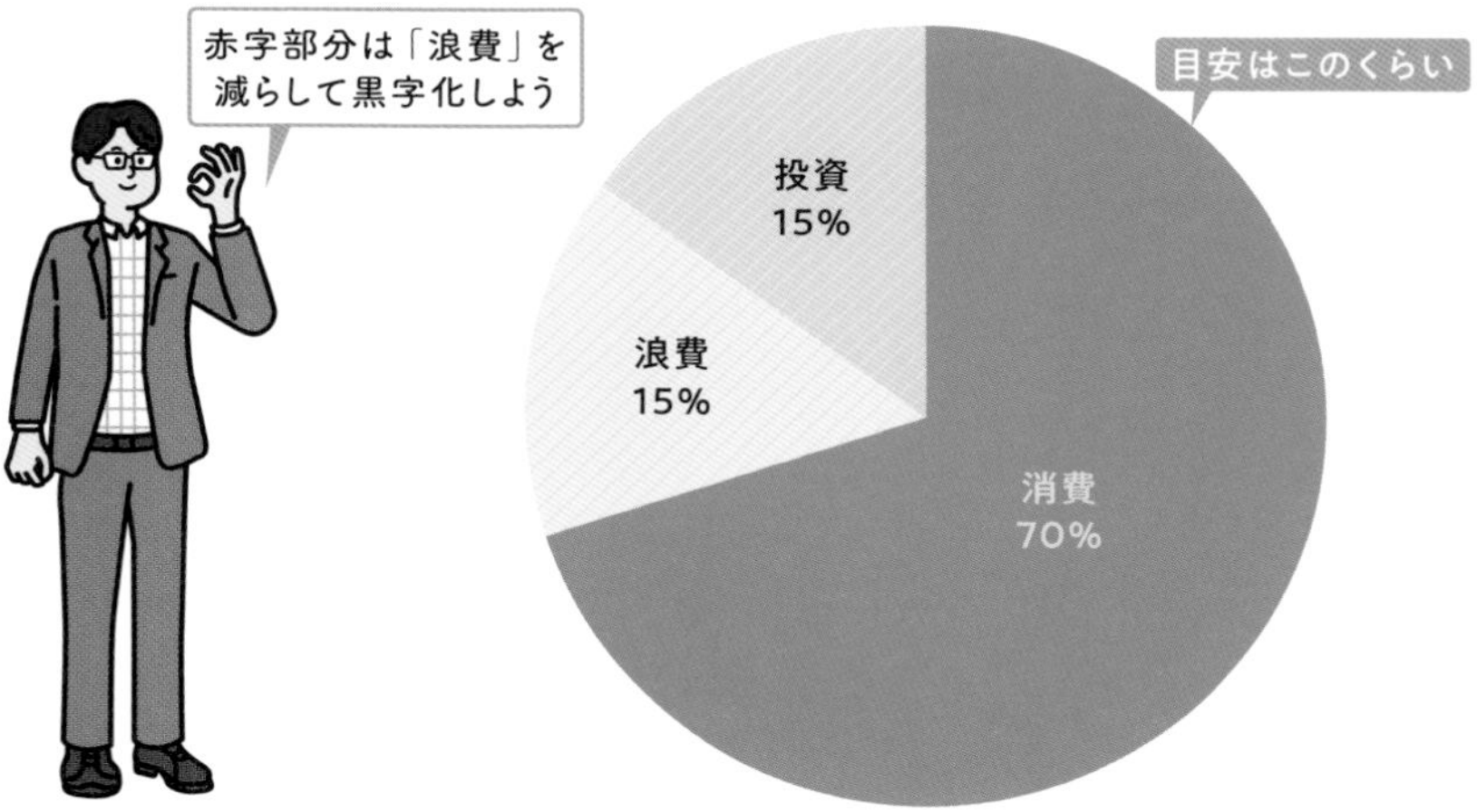
赤字部分は「浪費」を
減らして黒字化しよう
目安はこのくらい
投資
15%
浪費
15%
消費
70%

家計に占めるそれぞれの割合を確認してみましょう。浪費は15％くらいが最初の目安。徐々に浪費を減らしていき、浪費5％、投資25％程度の割合にできると理想的です。

（「浪費」とは……ムダに費やすこと。使用頻度の低いモノの購入や、必要以上の生活用品のストックも浪費にあたる。自分の生活を潤す出費なら無理に削る必要はないが、購入だけが目的になっているなら浪費と見なそう。）

STEP
3-2
出費を減らそう

「先取り貯蓄」が最初にして最大のカギ

家計の赤字をなくせたら、貯蓄を増やしていく段階へとステップアップしましょう。最も簡単で効果的な貯蓄の方法は、あらかじめ貯金額を確保しておく「先取り貯蓄」です。

浪費部分を見直したら、ほとんど着ていない服や使っていない食器がありました。この出費分が赤字になっていたみたいです。

「必要」で買ったものか、「欲しい」という衝動で買ったものか意識できるようになると、自然と出費が抑えられるんだ。家計を黒字化できたら、次は貯蓄を習慣化していこう。

それが難しいんですよね……。貯蓄に回せるお金が残らなくて。

あまったお金で貯蓄しようとすると、なかなか貯まりにくいんだ。無理なく貯めるには、**給与が入ったと同時に一定額の貯蓄を確保しておく「先取り貯蓄」が鉄則だよ。**

封筒や貯金箱に分けておけばいいのでしょうか。

それも1つの方法だけど、手間がかかるし、手元に残っていると使ってしまう可能性もあるから要注意。**先取り貯蓄の方法としては、別の口座に自動でお金を移しておける「自動積立定期預金」の活用がおすすめ。**勤務先によっては、企業が給与から貯蓄分を天引きしてくれる場合もあるよ。いずれにしても、**習慣的に貯蓄ができるようシステム化できると、お金が貯まりやすくなるよ。**

毎月の貯蓄額が一定だと、今後貯まっていく金額の計算も簡単になりますね！

「積立」とは……一定期間ごとの決まった日に、一定額を用意して貯めていく資産運用方法のこと。少額ずつコツコツと資産を築いていくのに向いている。期間と金額が一定であるため、将来設計がしやすい点もメリット。

やること 01 給与からお金を使う“前”に分ける

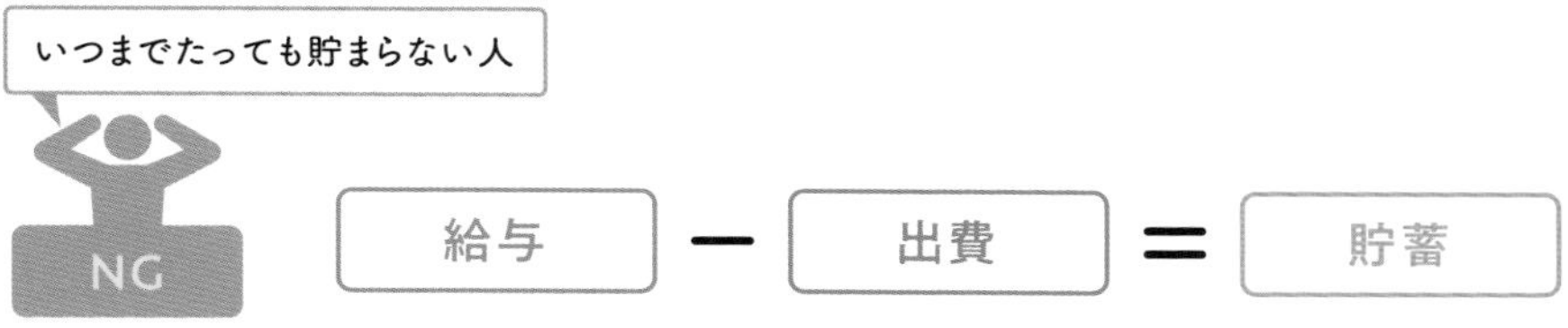

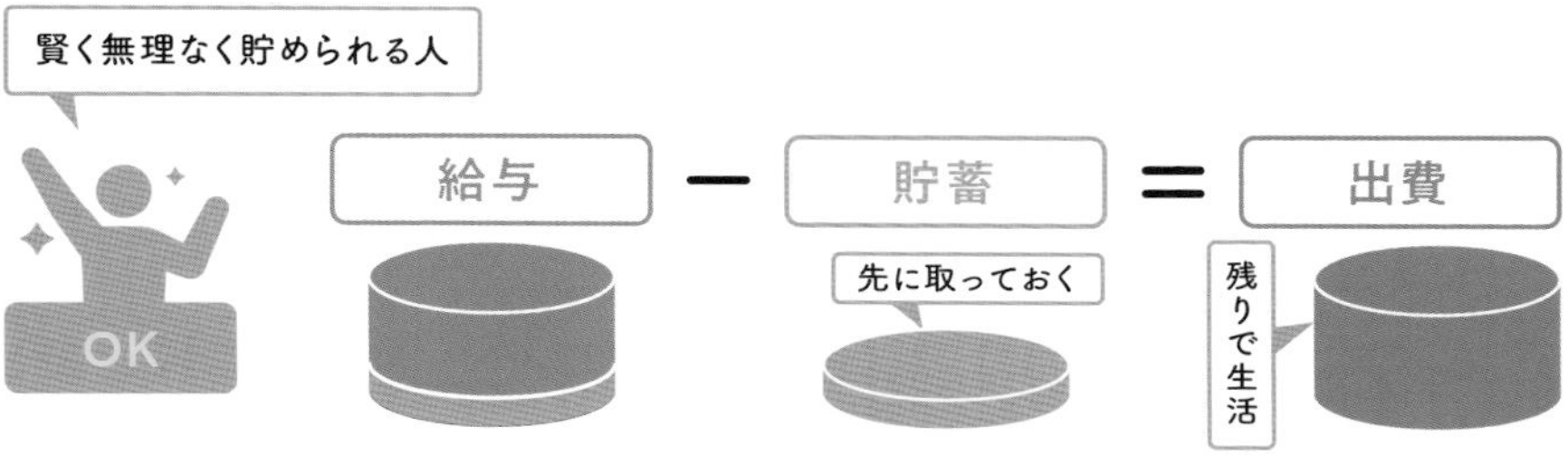

あまったお金で貯蓄しようとすると、毎月の貯蓄額にバラつきが出てしまい、資金計画も立てづらくなります。先に貯蓄額を確保する仕組みを作っておけば、自然とお金が貯まります。

やること 02 先取り貯蓄の方法を選ぼう

おすすめ

自動積立定期預金

別の口座に移しておける

通常の預金口座から、自動的・定期的に積み立てられる定期預金口座。賞与が支払われる月に積立金額を増やせる場合も

財形貯蓄

企業が給与から天引き

国と企業が連携し、従業員の資産形成をあと押しする仕組み。住宅購入や老後生活費など、目的に応じた制度もある

袋分け

封筒や貯金箱で管理

手元にお金を残しておく方法。目に見える安心感はあるが、作業の手間や、預貯金のように利子がつかない点には注意

「財形貯蓄」とは……使途が自由な「一般財形」と、住宅の取得・増改築を目的とした「住宅財形」、60歳以降に受け取れる「年金財形」の3種類がある。再就職先に制度が導入されていない場合は解約となるので注意。

STEP
3-3
出費を減らそう

固定費を見直してみよう

家計が黒字化できても、まだまだ余力はない……。そんなときは、毎月かかっている「固定費」にムダがないか見直してみてください。削れる出費はまだあるかもしれません。

先取り貯蓄を始めたら、毎月貯蓄ができるようになりました！　それでも、どうしても出費が減らせない月があって……。

交際費や娯楽費を削ろうとしても、減らせる月と減らせない月があるよね。だから、**「変動費」よりも「固定費」から削減してみよう。一度見直してしまえば、その後も安定して生活費を抑えられるんだ。**

固定費って、家賃とかスマホ代のことでしたよね。そこを削ってしまうと、生活水準が下がってしまわないでしょうか。

確かに、今よりも家賃の安い家に住もうと思うと、ライフスタイルが変わってしまうかもしれないね。でも、今の生活を変えずに削減できる部分もあるはず。例えば、格安スマホに変えるくらいなら簡単でしょう？

うーんでも、今困ってないし、手続きも面倒くさそうで……。

スマホ代が月３０００円減らせると、１年では３万６０００円。国内旅行１回分にはなるんじゃないかな。そもそも格安スマホへの切り替えは数分でできるから、そんなに手間でもないしね。

旅行！　そう言われると、すぐに変えたくなってきました。

ほかにも、**あまり利用していない動画・音楽のサブスクはないかな？　通えていないジムの会費なんかも見直しポイントだよ。**

国内旅行での平均支出……観光庁「旅行・観光消費動向調査」（2022年）によると、日本人の国内旅行の1人あたり支出（交通費や宿泊費、飲食費、買い物代等を含む）は、日帰りで1万8540円、宿泊で5万9174円。

やることー01 変動費よりも固定費から削減する

△ 変動費の削減

食費・日用品・娯楽・交際費・美容

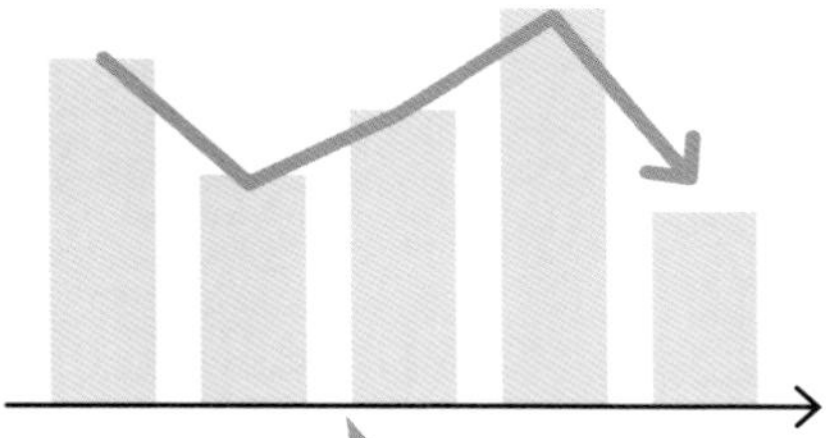

減らせない月もあり不安定

○ 固定費の削減

家賃・保険・通信費・ジム・サブスク

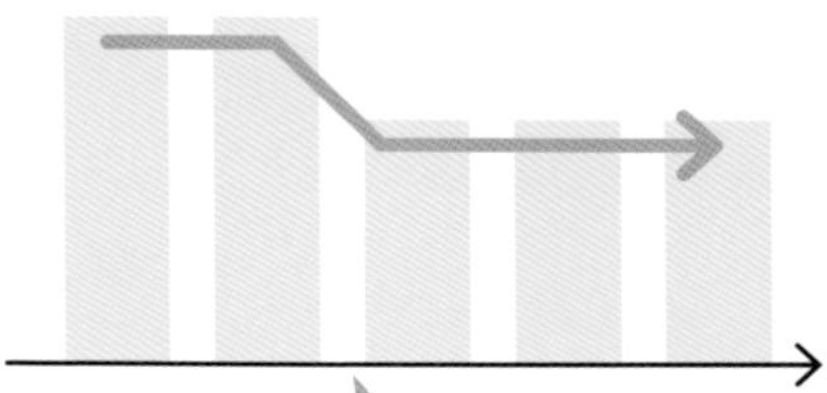

一度減らせばずっと安定

変動費は毎月同じように削減できるとは限りません。もちろん日頃から浪費を避ける意識は大切ですが、一度固定費を見直せば、無理なくベースの生活費を抑えられます。

やることー02 なくても困らないものはやめてみる

動画・音楽

やめてみて困ったら再加入すればOK

月1000～4000円

スポーツジム

都度払いの施設を利用するのもアリ

月1万円

スマホ代

今は格安スマホでもつながりやすい

月5000～1万円

車の維持費

カーシェアの利用も検討してみる

月2万～5万円

「あれば使う」くらいで契約しているサブスクは、思い切ってやめるのも手。動画や音楽のサブスクは入会金がないケースが多いので、再加入してもデメリットはないといえます。

「車の維持費」とは……マイカーを所有した場合、購入費のほかに、車検や自賠責保険、駐車場、メンテナンス、ガソリンなどの維持費がかかる。また、自動車重量税、自動車税・軽自動車税といった税金もかかる。

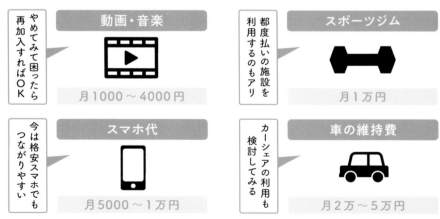

STEP 3-4
出費を減らそう

「ついつい出費」をなくしてみよう

贅沢はしていないのにお金が貯まらないと思うなら、数百円の違いが積み重なって数万円単位の違いになっているかも。まずは小さな差に気づくところから始めましょう。

先取り貯蓄も固定費の削減も簡単だったでしょう？ **一度システム化してしまえば、自然とルーティンが作れるんだ。**

これなら続けていけそうです！ ほかにも無理なく出費を減らせるポイントはありますか？

それなら「ついつい出費」をなくしていこう。つい、コンビニでコーヒーやお菓子を買ってしまうことはないかな。

あります！ 仕事のリフレッシュには不可欠ですもん。

完全にやめる必要はないけれど、**たった１００円されど１００円。チリも積もれば山となる**からね。例えば、毎日飲む分はスティックコーヒーにしてみたらどうかな。１本あたり20円くらいで買えるよ。

１日１００円の違いでも、１年続いたら３万６５００円、５年で18万円を超えますね。海外旅行にも行けちゃう……？

ただし、**セールに飛びついて買い物をするのは要注意！**

え！ 私、意識してセール期間中に買い物をしているんですが。でも、言われてみれば、お金は貯まっていないですね……。

そう。なぜなら、安いと思って買いすぎてしまうから。**割引やセールは「買ってもらうための仕掛け」なんだ。値段に惑わされず、本当に必要なものだけを見極めよう。**

アンカリング効果……先に印象づけられた情報によってその後の判断に影響が生じる現象。「5万円の商品が今なら5000円」のように、相場や商品自体の価値ではなく、もとの数字に引っ張られて安いと感じてしまう。

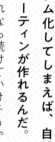

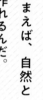

知ること 100円を笑う者は100円に泣く!?

毎日

たったの100円

毎月

意外とかかってる
かも……

30年

こんなに
なっているの!?

少し割高だと思っても、100円ならあまり変わらないと思ってしまいがち。無理して切り詰めなくても、少しの差が大きな差になると意識しておくだけでもお金の貯まりやすさは違ってきます。

やること 無理なくできるチリツモ節約術

単純だけど効果的!

弁当・水筒を持参

おかずを詰めたお弁当箱を複数作っておくのもアリ

賢い人は知っている

コンビニATMを使わない

コンビニで下ろすと土日祝や夕方以降はとくに割高

健康食品や化粧品

定期配送をやめる

定期便のほうが割安でも、必要以上に届きがち

それ、本当におトク!?

セールに惑わされない

割引率の大きさよりも、値段そのものに注目しよう

交渉も大事!

相見積もりを取る

引っ越しや修理の費用は比較すると相場がわかる

細かい違いだけど
このくらいなら無理なく
減らしていけそう

「相見積もり」とは……複数の業者に同じ見積もりを依頼すること。修理などでは使用する道具や材料が違うと費用が大きく変わる場合もあるため、相場を知るのに役立つ。他社の見積もりを提示すると値引きしてくれることも。

本当に必要な保険に絞ろう

なんとなく職場や家族にすすめられた保険に加入していませんか？ 公的保険でカバーできる金額を知ると、民間保険に必要以上の保険料を払っているとわかるかもしれません。

固定費や「ついつい出費」を減らせるようになったら、次は保険の見直しをしてみよう。

見直すと、必要以上の保険に契約させられるイメージが……。

そういう場合もあるね。だからこそ、**必要な保障内容と金額を把握して、不必要な部分はカットしていこう。**

必要か不要かって、素人にも判断できるんですか？

ざっくりなら判断できるよ。まずは公的保険でカバーできる範囲を知るところから始めよう。社会保険料は給与から天引きされていたね。つまり、**病気やケガに備えた保険は、すでに標準装備されている状態なんだ。**

でも、それじゃ足りませんよね。

そうとも言い切れないよ。例えば失業手当。退職理由などによって変わるけど、**30歳で年収４００万円ならざっと日額５０００円。雇用保険に加入している期間が10年未満でも、給付日数は最大で１８０日あるよ。**

それなら退職時の生活費をカバーする保険はなくていいかも。

また、健康保険には高額療養費制度があって、例えば１００万円の医療費がかかっても、自己負担は８万円程度で済むんだ。**公的保険の内容で足りない分は預貯金で備える。それでも不足する多額の出費が想定されるなら、民間保険を検討しよう。**

「失業手当」とは……企業の倒産や解雇による「会社都合退職」と転職や独立のための「自己都合退職」では処遇が異なる。自己都合退職の場合、7日間の待機期間を経たうえで2～3カ月間は給付が受けられない。

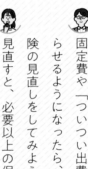

知ること 01 公的保険で十分な場合も

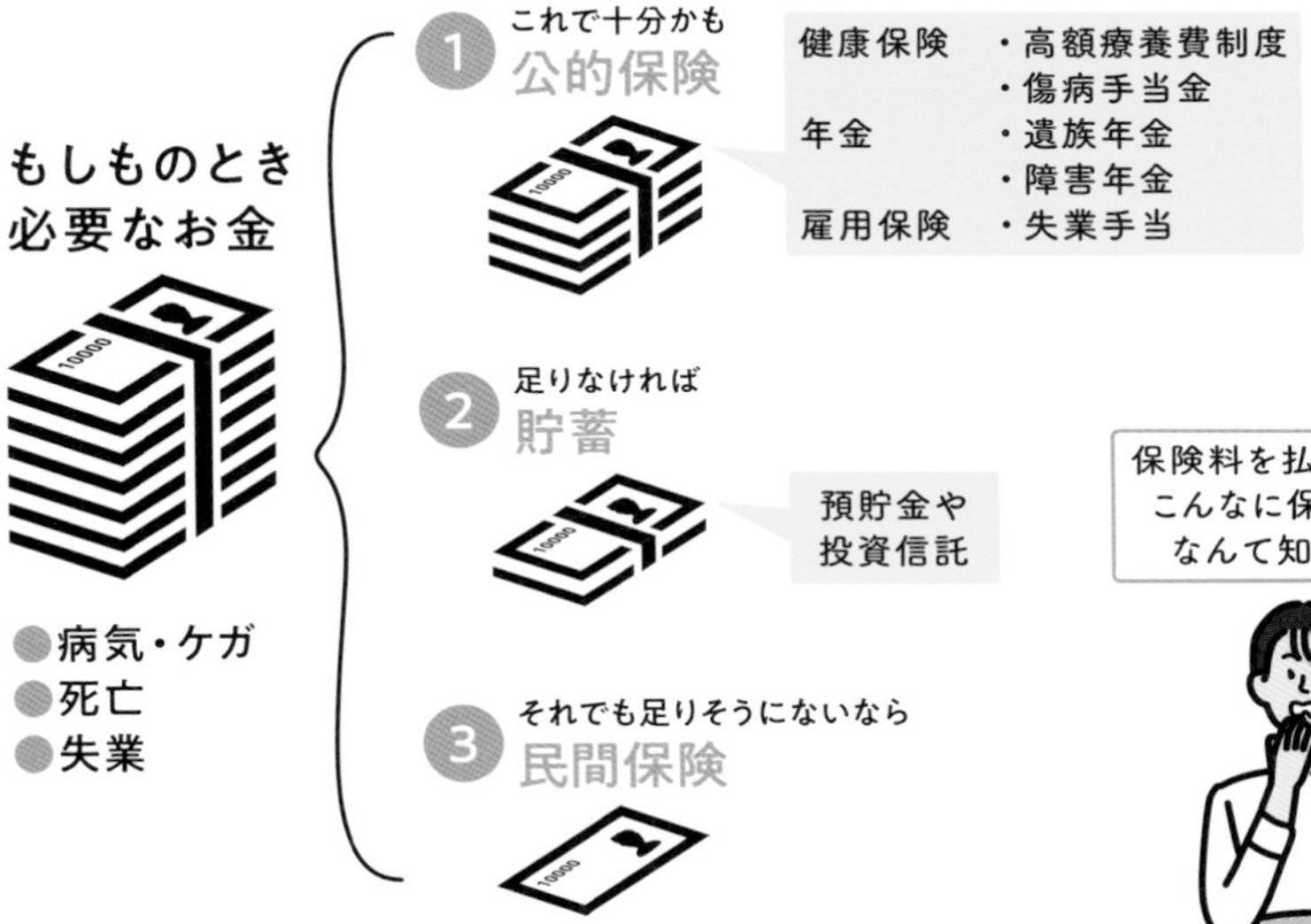

公的保険と預貯金で足りない部分を民間保険でカバーすれば十分です。ただし、交通事故などで多額の賠償責任を負うリスクがあるため、損害保険の削減はおすすめできません。

知ること 02 貯蓄目的の保険は不要！

■貯蓄型保険をおすすめしない理由

利率が低い=インフレに弱い

解約すると元本割れするかも

▼

あえて加入する意味がない

保険料を積み立てて、満期になったらお金が受け取れるような貯蓄型の保険には加入しなくてOK。手数料や保険料が高くなるほか、原則途中で引き出せないなどデメリットがあります。

「元本割れ」とは……お金を運用したり預け入れたりした結果、自分が投じた金額（元本）よりも少ない金額しか受け取れない状況を指す。「元本保証」とされている商品でも、手数料分で元本割れとなる可能性がある。

税金の「控除」を知ろう

給与などの収入から一定金額を差し引く「控除」。控除額が大きいほど、所得税の対象となる部分が少なくなります。会社員は原則、年末調整で控除の手続きがされています。

出費を減らすという意味では「節税」も意識しておきたいね。ここで税金の基本を確認しておこう。給与などの収入には一定の税金がかかっていたよね。

所得税や住民税ですよね。収入が多いほど税金も多くなる！

そのとおり。だから、**実際の収入から一定額を差し引いて、税金の対象と見なす収入（所得）を少なくできれば、税金も減る**んだ。ちなみに、**差し引くことを「控除」というよ。**

私も控除できるんでしょうか？

控除にはいくつか種類があって、人によって適用の可否や金額は異なるんだ。例えば、給与をもらっている人なら「給与所得控除」が、条件を満たす配偶者がいる場合には「配偶者控除」（73ページ）が適用できるね。

手続きが難しそうですね……。

会社員なら自分で手続きしなくても、会社が年末調整で控除してくれているんだ。その年に納めるべき金額が算出されて、毎月給与から天引きされていた税金の合計額のほうが多ければ、その分のお金は戻ってくるよ。

給与明細に「年末調整」って書いてあって、お金が増えていたのはそのことだったんですね。

ただし、**あらかじめ会社に書類提出が必要な控除や、年末調整では処理できない控除もある**から、このあと確認していこう。

「年末調整では処理できない控除」とは……医療費の控除（P64）や、ふるさと納税が関係する寄附金控除（P66）は年末調整を終えたあとに控除が適用される。確定申告（P70）や別途申請書の提出が必要となる。

知ること 01 税金を減らす「控除」は3段階ある！

給与などの収入（年間）

↓

給与所得 ｜ 給与所得控除（収入による）

↓

課税所得 ｜ 所得控除
各種保険料控除（P62）
医療費控除（P64）
ふるさと納税の控除（P66）

↓

所得税額

↓

実際に納める所得税額 ｜ 税額控除
住宅ローン控除（P68）

控除が多いほど
税金は減るんだ
順番は覚えなくて
OK

実際の収入に対して税金がかかっているのではなく、一定額が控除されたうえで納める金額が算出されています。適用される控除は人それぞれです。

知ること 02 会社員なら「年末調整」で控除される

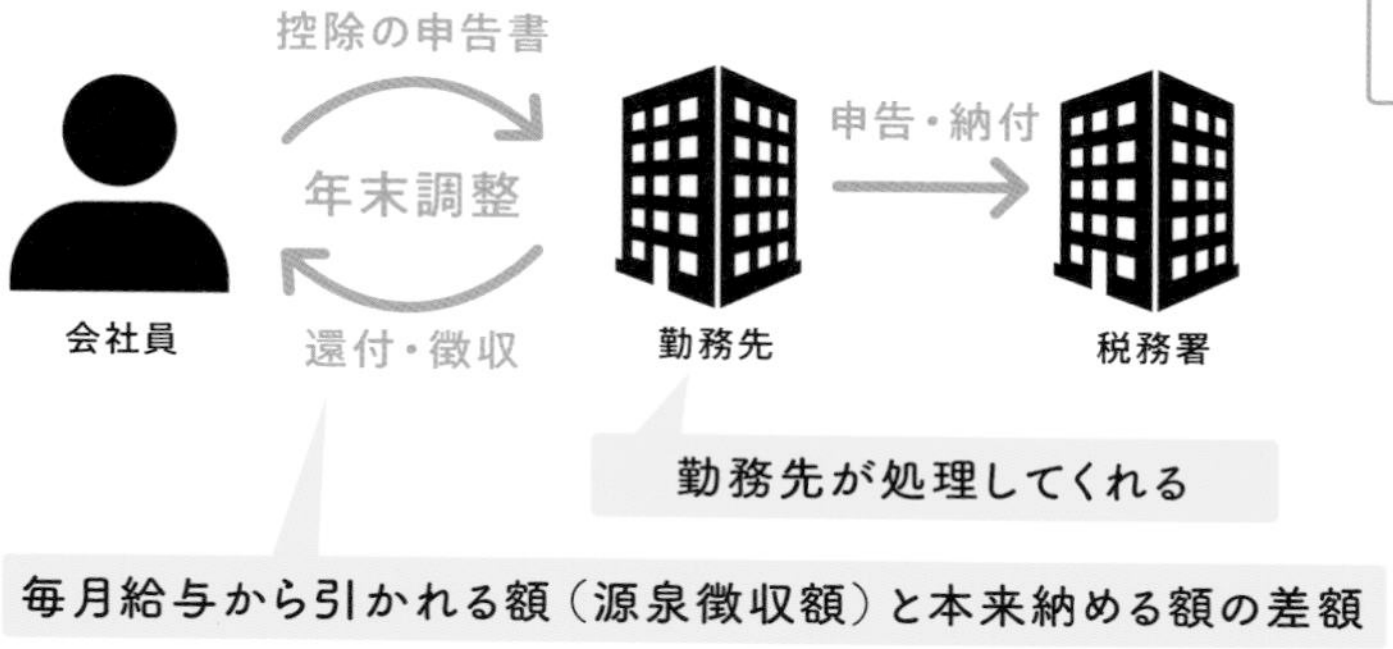
控除の申告書
年末調整
還付・徴収
会社員
勤務先
申告・納付
税務署
勤務先が処理してくれる
毎月給与から引かれる額（源泉徴収額）と本来納める額の差額

払いすぎた分は
戻ってくる

毎月の給与から引かれている税金は仮の計算にもとづいたもの。年末調整で控除が適用されると、払いすぎた分は戻ってきます。控除の種類によっては複数の書類の提出が必要です。

「控除の申告書」とは……勤務先での年末調整には、氏名や住所を記載した申告書の提出が必要。配偶者や養っている家族がいる場合の申告書や、生命保険料の控除を受けるための申告書などがある。

節税をしよう① 保険料控除

税金や控除と聞くと難しく感じるかもしれませんが、自分にかかわる内容だけ把握しておけばOK。多くの人に関係があり、年末調整で控除可能な項目から見ていきましょう。

私にも関係がある控除というと、どんなものがありますか？

多くの人に関係があるのは、支払った保険料にかかわる控除かな。例えば、**民間の生命保険や介護保険、個人年金保険に加入している場合には「生命保険料控除」が適用できるよ。**それぞれ、保険料が2万円までの場合は全額、それ以上の場合は最大4万円まで控除できるんだ。

もしかして、年末調整でいつも書かされている書類って……。

そのとおり。**年末調整の書類には「保険料控除申告書」といって、いくつかの保険料の控除に必要な情報を申告する書類があ**るんだ。これをちゃんと会社に提出していれば、年末調整で控除は適用されているはずだよ。

どうして保険料を申告しなきゃいけないのかと思っていましたが、控除のためだったんですね。

「保険料控除申告書」では、生命保険料控除のほかにも、地震保険料控除、社会保険料控除、小規模企業共済等掛金控除について一度に申告できるようになっているよ。

社会保険料は給与から天引きされているので申告不要ですよね。

天引きされている分は申告しなくて大丈夫。猶予や未納となっていた公的年金保険料を支払った場合など、会社を通さずに支払った分があれば記載しよう。

「小規模企業共済」とは……国の機関である「中小機構」が運営する、小規模企業の経営者や役員、個人事業主のための退職金制度。毎月一定額の掛金を積み立てていき、廃業した場合や老後などに給付を受けられる。

知ること 保険料の支払い金額は「控除」できる

生命保険料控除

最大12万円控除

個人年金保険も対象

生命保険料、介護保険料、個人年金保険料につき、それぞれ最大4万円、計12万円控除できる（2012年以降の契約）

必要書類

生命保険料控除証明書

地震保険料控除

最大5万円控除

火災保険単体は対象外

火災保険のオプションである地震保険にも加入している場合、地震保険料の全額（最大5万円）が控除できる

必要書類

地震保険料控除証明書

社会保険料控除

全額控除

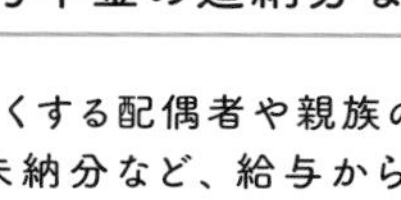

公的年金の追納分など

生計を同じくする配偶者や親族の分や、学生時代の未納分など、給与から引かれていない保険料を納めた場合は全額控除

必要書類

社会保険料控除証明書

小規模企業共済等掛金控除

全額控除

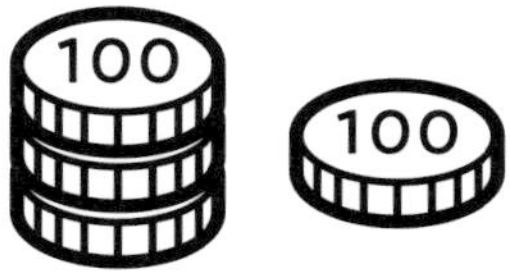

iDeCo（P106）の掛金も

小規模企業の経営者や役員、個人事業主が加入する「小規模企業共済」の掛金や、iDeCoの掛金が全額控除できる

必要書類

小規模企業共済掛金控除証明書

（「個人年金保険」とは……老後生活費の備えと、死亡保障の機能も持つ保険商品。一定の年齢まで保険料を払い込み、一定期間にわたって年金を受け取る。控除の対象となるのは「税制適格特約」の付加された契約のみ。）

STEP 3-8

出費を減らそう

節税をしよう②
医療費控除

10万円を超えた分の医療費が控除できる「医療費控除」。対象となる医療費は意外と多いので、一度確認してみましょう。特定の医薬品にかかわる控除も要チェックです。

年末調整では控除できないものもあるって言ってましたけど、それって何ですか？ 私にも関係がある内容でしょうか。

1月1日から12月31日までの**1年間に支払った医療費のうち、10万円を超えた部分を控除できる「医療費控除」**があるよ。これは年末調整では控除できないから、確定申告が必要なんだ。

10万円を超える医療費なんて支払っているかな？

確かに、なかなか超えない金額かもしれない。ただ、**通院にかかった公共交通機関の交通費や処方せんのある薬代も医療費控除の対象になる**から、領収書を全部合算してみると超えている年もあるかもしれないね。はり師やきゅう師による施術費、歯科矯正費用も、治療において必要と判断された内容は対象になるよ。詳しくは国税庁のWebサイトをチェックしてみよう。

医療費の領収書は取っておいたほうがいいですね。

10万円超えの医療費がかからず医療費控除が申請できない場合、「セルフメディケーション税制」が使えるかもしれないよ。これは、対象の医薬品の購入費のうち、1万2000円を超えた分を控除できる制度なんだ。市販の頭痛薬や花粉症の薬、湿布、にきびの薬なんかも対象になっているから、確認してみよう。

「医療費控除の対象」とは……国税庁のWebサイト「タックスアンサー（よくある税の質問）」No.1122「医療費控除の対象となる医療費」には、医療費控除の対象となる12項目と条件が詳細に記載されている。

知ること 01 10万円超の医療費は控除できる

支払った医療費		保険で補てんされた金額		一律で引かれる		控除額
例 15万円	−	0円	−	10万円※	＝	5万円

控除額		税率		安くなる税額
5万円	×	（年収350万円なら 所得税 10% ＋ 住民税 10%）	＝	1万円

控除の対象となる医療費

- ●入院費・病院から出された食事代
- ●通院費（公共交通機関）
- ●処方せんのある薬・風邪薬代
- ●分娩費・不妊治療費　など

支払った医療費から保険金などで補てんされた金額を差し引き、さらに10万円を引いた部分が控除額です。自分にかかった医療費のほか、配偶者や同居の親族の医療費も合算できます。

※総所得金額が200万円未満の人は、総所得金額の5％

知ること 02 対象医薬品の購入費が控除できる制度も

このマークのある商品が対象

セルフメディケーション 税 控除対象

医療費控除との併用はできないので注意

対象商品の購入費

保険で補てんされた金額	一律で差し引く 1万2000円	控除額

対象商品の購入費のうち、1年間で1万2000円を超えた分を控除できます。外箱や値札にマークのある商品が対象です。適用期限は2026年12月31日まで。

（医療費控除の明細書……医療費控除を適用するには、確定申告とあわせて医療費控除の明細書が必要。1年に支払った医療費をまとめて記載する書類で、申告後も5年間は保存しなくてはならない。）

STEP 3-9

出費を減らそう

節税をしよう③ ふるさと納税

自分の好きな自治体に寄付すると返礼品がもらえる「ふるさと納税」。2000円の自己負担はあるものの、返礼品次第ではおトクに食材や日用品をゲットできます。

「ふるさと納税」もよく聞きますけど、これも節税ですか？

ふるさと納税で納税額は変わらないから、正確には「節税」ではないんだけどね。ただ、税金にかかわるおトクな制度というのは間違いないよ。

節税じゃないけど、税金関係の制度なんですね？

通常、税金は自分の住んでいる地域に納めるんだけど、**ふるさと納税は自分の好きな地域に納められる制度**なんだ。**任意の地域に納めた分が、自分の住んでいる地域に納める税金から差し引かれる仕組み**だよ。

確かに、節税ではなくて納める先が変わるだけですね。

ただし、「ふるさと納税の寄付額＝差し引かれる金額」ではないので注意。**差し引かれるのは、寄付額から2000円を超えた分だけ。つまり、2000円は自己負担になる**んだ。

え、支出としてはマイナスになってませんか？

それでも、通常の納税と違ってふるさと納税には「返礼品」があるからね。例えば、**3万円寄付して9000円相当の返礼品がもらえた場合、7000円分はトクしたと考えられるよ。**

さっそく返礼品を調べてみましたが、高級食材から日用品までこんなに種類があるんですね！これはやらなきゃ損かも！

「返礼品」とは……ふるさと納税で寄付した自治体から、感謝の印として送られてくるもの。その自治体の特産品、名産品、サービスなどがある。返礼品を通して地域を知ることができ、自治体としても地域のPRになる。

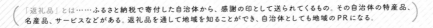

知ること 01 納税先を選べて返礼品ももらえる!

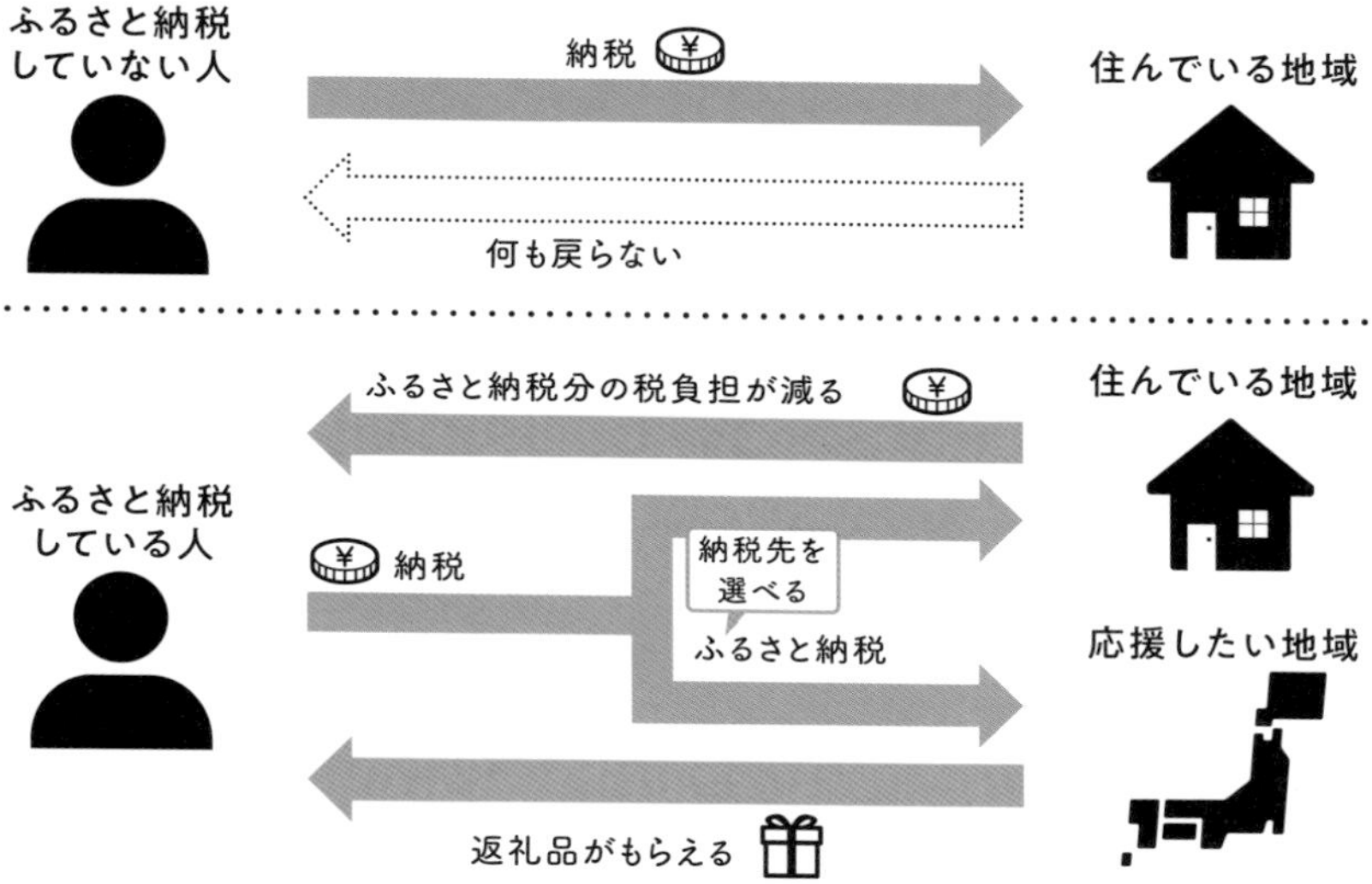

知ること 02 自己負担は誰でも一律2000円だけ

■3万円分のふるさと納税をした場合

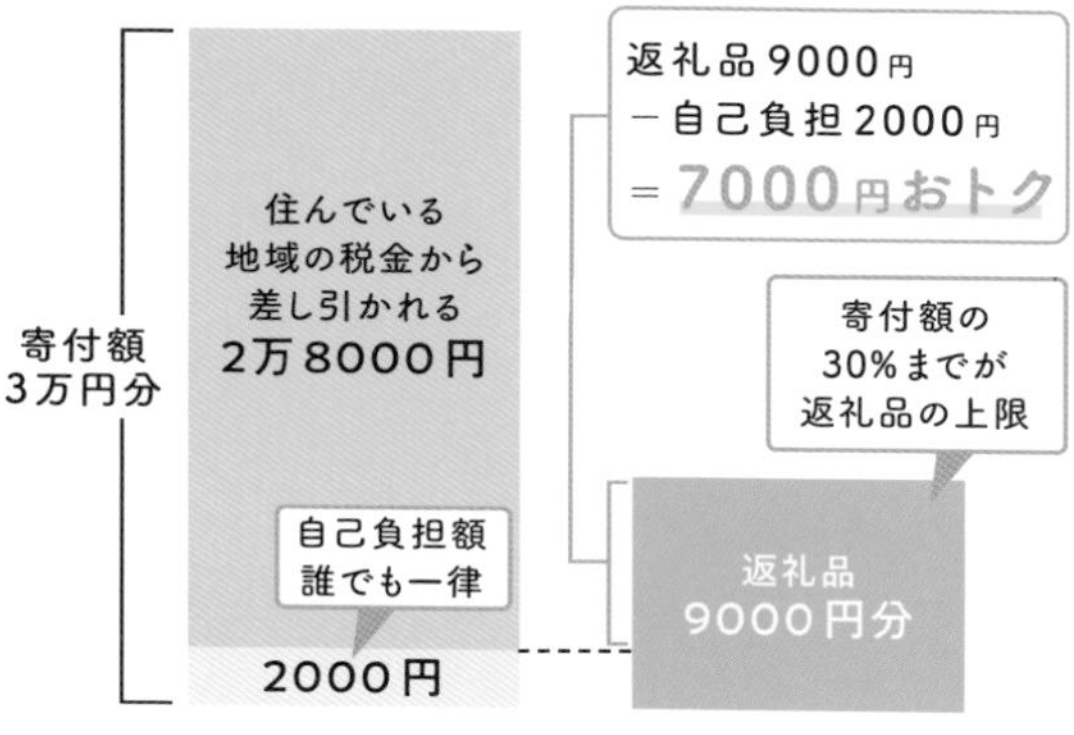

ココもPOINT

ワンストップ特例制度なら確定申告は不要

ワンストップ特例制度

- もともと確定申告不要な人
- 5自治体までの寄付
- 前年分の申請締切は1/10

ふるさと納税で控除を受けるには確定申告が必要だが、3つの条件にあてはまる場合「ワンストップ特例申請書」でOK。

自己負担2000円を上回る返礼品を選べば差額分トクしたことに。控除額は所得やその他の控除によって上限があるため、ふるさと納税の総合サイト「さとふる」などで確認を。

「さとふる」とは……寄付先の自治体や返礼品を調べたり、実際の申込ができたりするWebサイト。ネットショッピングのような感覚で利用できる。類似サイトに「ふるなび」や「ふるさとチョイス」などがある。

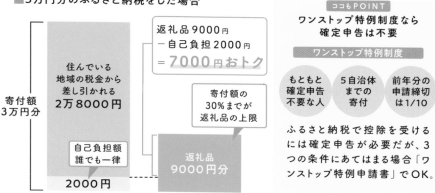

節税をしよう④
住宅ローン控除

マイホームの購入やリフォームで住宅ローンを契約した場合、借入残高の0.7%が控除できる制度です。適用条件を満たしていれば、単身向けマンションでも利用できます。

多くの人に関係がある控除には、「住宅ローン控除」もあるね。正式名称は「住宅借入金等特別控除」というよ。条件を満たせば、**借入残高の0・7%を毎年控除できるんだ。期間は新築で13年、中古で10年**だから、かなり大きなメリットになるね。

住宅ローンって、家を買うときに契約するんですよね。

必ずしもそうとは限らないよ。住宅ローン控除が適用できるケースでいうと、**リフォームや増築の場合も含まれるんだ。**それぞれ条件や対象となる借入額には上限があるけどね。とくに、**環境に配慮した新築住宅は借入上限が高く設定されていて、最大で5000万円**だよ。

5000万円の0・7%だから、年間で35万円にもなりますね!

そのとおり。今は賃貸暮らしだとしても、将来の選択肢として知っておいて損はないよ。

住宅ローン控除は確定申告が必要なんでしょうか?

控除を受ける最初の年だけは、確定申告が必要だよ。確定申告は、1年の所得や税金について翌年の2月16日から3月15日に申告するものだから、入居した翌年に手続きが必要になるね。**2年目以降は会社が年末調整で手続きしてくれるから確定申告は不要。**税務署から届く書類や銀行の残高証明書を提出しよう。

「長期優良住宅・低炭素住宅」とは……長期にわたって高い品質を維持できるよう、一定の劣化対策や耐震性、バリアフリー性などが保たれている住宅。低炭素住宅は、省エネ性能が高い住宅を指す。

知ること 01　借入額の0.7%が毎年控除される

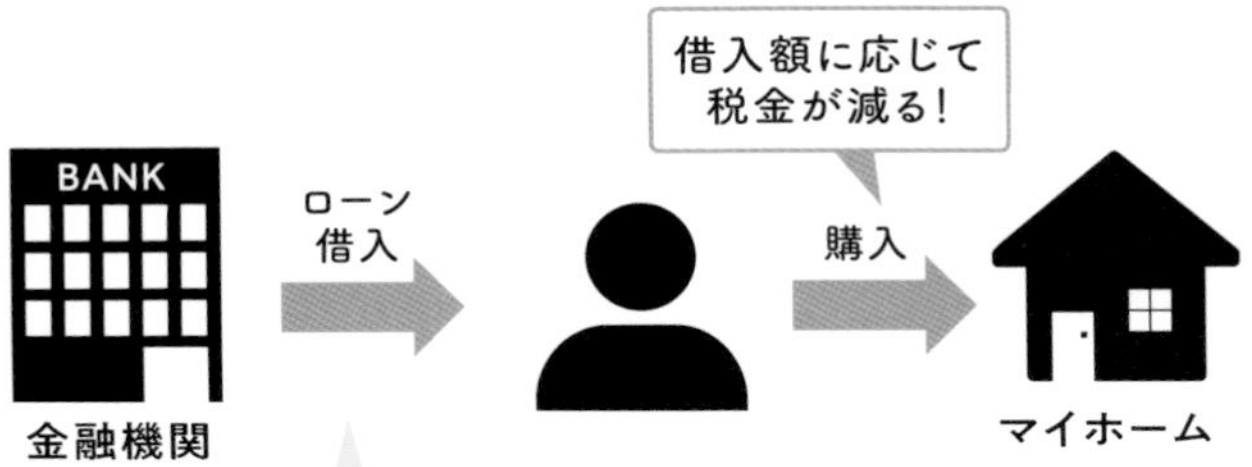

控除率　借入残高（上限あり）の0.7%

期間　新築13年、中古10年

新築住宅における借入限度額は、「長期優良住宅・低炭素住宅」で5000万円、「ZEH水準省エネ住宅」で4500万円、「省エネ基準適合住宅」で4000万円、「その他の住宅」で3000万円です（2022～2023年入居の場合）。なお、住宅ローン控除は2022年に改正されたため、それ以前に入居した場合では適用条件や控除率、控除期間が異なります。

知ること 02　戸建てでもマンションでも利用可能！

住宅ローン控除が適用される条件

- ☑ 住宅ローンの返済期間が10年以上
- ☑ 物件を取得してから6カ月以内に入居
- ☑ 床面積が50㎡以上（1／2以上が自己の居住用）
- ☑ 合計所得金額が2000万円以下

新築住宅の適用条件は主に左のとおり。中古住宅の場合は新築住宅の適用条件に加えて、「1982年1月1日以降に建築された住宅」か「現行の耐震基準に適合している住宅」であることが条件です。

ココもPOINT

単身向けマンションで適用できるケースも

40～50㎡未満の物件 → 適用条件：新築／合計所得1000万円以下／23年末までに取得

40㎡は約20畳で、だいたい1LDK程度の広さ。条件はあるものの、単身向け住宅でも検討できる。

（「ZEH」とは……net Zero Energy House（ネット・ゼロ・エネルギー・ハウス）の略で、「エネルギー収支をゼロ以下にする家」という意味。断熱、省エネ、創エネ（太陽光発電などでエネルギーを創る）の要件がある。）

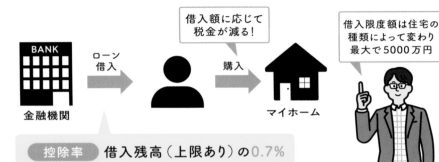

STEP
3-11
出費を
減らそう

実は超カンタン！確定申告をしよう

複雑なイメージがある確定申告ですが、実はスマホで簡単に手続き可能。会社員なら、ある程度は年末調整で計算済みなので、控除にかかわる情報だけ入力すればOKです。

控除の手続きについておさらいしよう。**確定申告が必要なのは、医療費控除やセルフメディケーション税制、住宅ローン控除を受ける最初の年。年末調整で手続きできるのは、保険料にかかわる控除と、2年目以降の住宅ローン控除**だったね。

ふるさと納税は確定申告が不要でしたよね。

5自治体までの寄付なら基本的に「ワンストップ特例申請書」（67ページ）を提出すれば、確定申告不要。ただし、医療費控除などで確定申告するなら、ふるさと納税の控除についても確定申告が必要になるよ。

そもそも確定申告ってなんのためにあるんですか？

確定申告とは、毎年1月1日～12月31日の収入から、納めるべき税金を計算し、**翌年の2月16日～3月15日の期間に国へ報告する**書類だよ。個人事業主だと絶対に必要だね。

年末調整がある会社員でも、特定の控除を受けるには確定申告が必要というわけですね。でも、手続きが大変そう……。

会社員なら実はそう難しい手続きはないんだ。ある程度は年末調整で終了しているからね。**スマホとマイナンバーカードがあれば20分くらいでできるよ。**

思ったよりずっと簡単でした。これなら忙しくてもできそう！

e-Tax……国税庁が運営する、国税にかかわる申告・納税がオンラインでできるサービスのこと。正式名称は「国税電子申告・納税システム」。税務署等に書類を持参しなくても、パソコンやスマホから手続きできる。

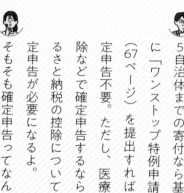

知ること　年末調整も確定申告も必要なケース

- 給与を２カ所以上から受け取っている
- 副業所得が20万円以上ある
- 医療費控除を申請する
- ふるさと納税でワンストップ特例制度を利用しない（6自治体以上に寄付など）

あてはまる人はどちらも必要

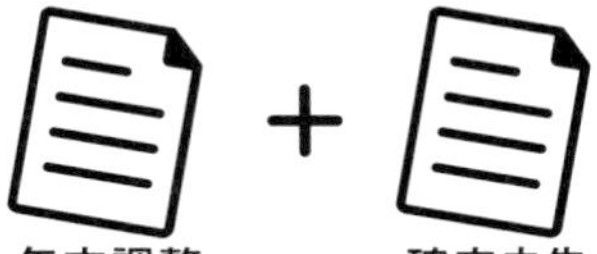

会社員でも給与が年2000万円以上ある人や、上記にあてはまる人は確定申告が必要です。ふるさと納税のワンストップ特例制度は、確定申告を行わない場合にのみ利用できます。

やること　サラリーマンはスマホで確定申告できる

用意するもの

スマホ

マイナンバーカード

源泉徴収票

各種支払額の証明書・領収書

- 医療費控除「医療費控除の証明書」
- ふるさと納税「寄付金受領証明書」

❶ 国税庁の「確定申告書等作成コーナー」へ

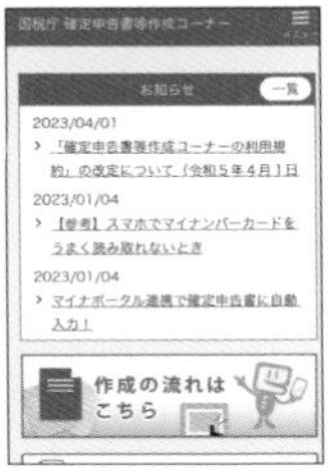

❷ 指示に従って操作し、マイナンバーカードを読み取る

❸ 源泉徴収票の内容を記入する

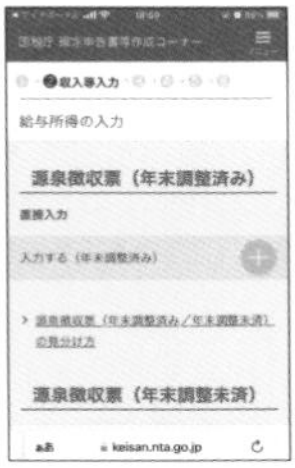

❹ 各種控除額を指示に従って入力

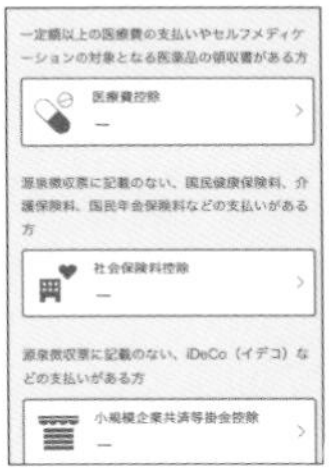

マイナポータル

オンラインで行政の手続きができるアプリ。マイナンバーカードの読取に必要。

スマホから国税庁のWebサイトにアクセスし、確定申告書を作成できます。マイナンバーカードとマイナポータルを連携しておくと、基本情報が自動で記入されるので便利です。

「マイナンバーカード」とは……個人を識別するために１人１つ与えられているマイナンバーと、氏名や住所、生年月日や、顔写真が記載されているICカードのこと。オンライン上やコンビニでの行政手続きに利用できる。

＼ 気になるトコロを1分で解決 ／

サクッとわかるQ&A

～節約・節税編～

控除について
知っておくと
ためになる

Q 社会保険料を安くする方法ってあるの？

A 会社の近くに住むと保険料が下がることも。

“報酬”には
残業代や
通勤・住居手当
も含まれる！

保険料の算定

4月	報酬
5月	報酬
6月	報酬

$$\frac{4月+5月+6月}{3}=報酬月額$$

この金額が大きい＝
保険料は高くなる

健康保険・厚生年金保険の保険料は4月から6月の報酬から算定され、金額に応じた保険料率が掛けられます。通勤手当は非課税ですが、保険料算出時の「報酬」には含まれます。

Q “ポイ活”ってしたほうがいい？

A なるべく同じクレジットカードを使うくらいでOKです。

ポイ活の例

- “経済圏”を固定する
- アンケートに答える
- ポイントサイトを経由
- 高還元率のカードを使う

正直面倒なので
あまり気にしなくても
大丈夫

これだけでもOK

支払い元をなるべく同じカードにする

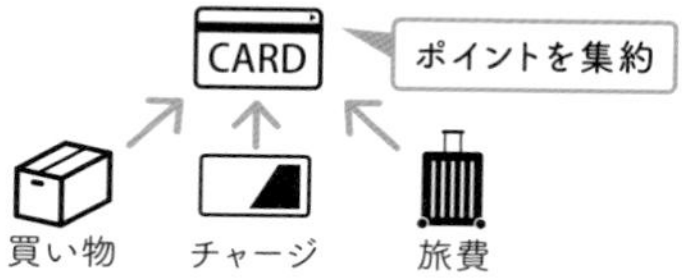

家計においてポイントは微々たるもの。ポイ活よりも収支バランスを整えるほうが大事。

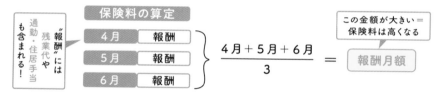

Q 知っておきたい「控除」にはどんなものがある？

A ひとり親や障がい者に適用される控除もあります。

配偶者控除	配偶者の所得が48万円（年収103万円）以下の場合が対象	最大38万円
配偶者特別控除	配偶者の所得が48万円超133万円（年収約201万円）以下の場合	最大38万円
扶養控除	配偶者以外で生計を同じくしている親族がいた場合が対象	38万円
障害者控除	納税者本人または同一生計親族が障がい者である場合が対象	最大75万円
ひとり親控除	所得500万円以下で、所得が48万円以下の子がいるひとり親が対象	35万円
寡婦控除	所得500万円以下で、夫と死別または離婚後再婚していない人が対象	27万円

STEP3で紹介した「医療費控除」や「住宅ローン控除」のほかにも、控除にはさまざまな種類があります。なお、上記の控除は年末調整でも確定申告でも手続き可能です。

Q 相続財産にも税金はかかるの？

A 相続税がかかりますが、「生前贈与」なら節税できます。

相続

相続された遺産の金額に応じて

税率 10〜55％

生前贈与（暦年課税）

1年間で贈与された金額が

110万円以下なら非課税

まだまだ先と
思っていても備え
あれば憂いなし

受け取った遺産によって税率が変わりますが（法定相続人が受け取る場合、3600万円以下なら非課税）、生前贈与なら1人あたり110万円まで非課税で申告の必要もありません。

STEP 3 まとめ

1. 「消費・浪費・投資」のうち「浪費」を減らして赤字をなくそう　（P50）
2. 先取り貯蓄で、自然にお金が貯まる仕組みを作ろう　（P52）
3. 固定費と「ついつい出費」を見直して黒字部分を増やそう　（P54）
4. 公的年金の保障内容を知って必要な民間保険に絞ろう　（P58）
5. 保険料控除や医療費控除、住宅ローン控除で節税しよう　（P62）
6. ふるさと納税で税金を納めて返礼品をゲットしよう　（P66）

知っている人と
知らない人では
大きな差になる

STEP 4

収入を増やそう

～固定収入を上げる方法を考える～

STEP
4-1
収入を増やそう

今いる会社で固定収入を増やす

会社員であれば、まずは本業にしっかりと励み、収入を増やしていくのがオーソドックスといえます。具体的にどのような方法があるのかを見ていきましょう。

お金を安定的に貯めていくなら節約はもちろん、仕事の収入を増やしていくことも大事だよ。

とはいっても給与、なかなか上がらないんですよね。何かいい方法はないでしょうか。

日本は年功序列の色合いが強い国だから、**勤続年数が長い人や、年齢が高い人ほど給与は高い傾向がある**。一般的には同じ会社で長期的に働いていけば、会社の業績アップなどによっていくばくかの収入増が見込めると思う。でも……。

でも？

近年では欧米社会のように、企業業績への貢献度で賃金を決めていく成果主義も重視されてきた。**日本企業でも、仕事で一定の成果をあげていかないと大幅な収入アップは難しい時代**だね。

具体的にどうするべきなんでしょうか。

社員の給与を決める人事評価の仕組みは会社ごとに異なる。だから一概にはいえないけど、**基本的にはマネジメント業務を早く経験し、昇進につなげていくことが給与増の近道になると思うよ**。例えばあるプロジェクトのリーダーとなって、各工程のスケジュール管理をしたり、メンバーにどのような職務を割り振るかなどの全般管理だね。

責任のある仕事を早いうちに経験することが大事なんですね。

（「年功序列」とは……企業などの組織において、勤続年数や年齢によって賃金や役職を上げていく人事評価の仕組み。日本企業に比較的多く見られ、従業員の定着率向上が期待できる制度といえる。）

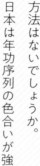

知ること 01　仕事で成果をあげるのが基本

長く働く

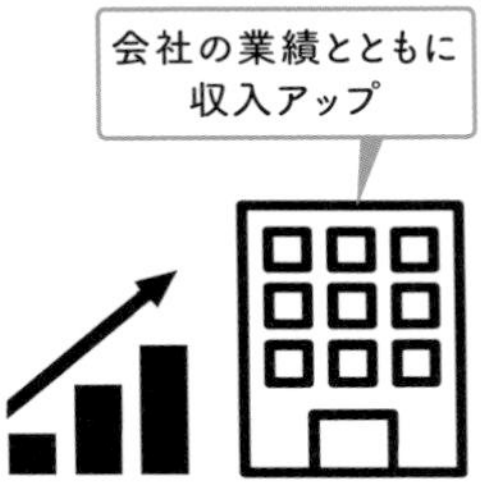
会社の業績とともに
収入アップ

基本的に勤続年数・年齢に応じて給与も上がる

成果をあげる

より上のポストを
目指す

仕事で成果をあげて昇進・昇給を狙っていく

手当を得る

会社に規定が
あるのなら

資格・技能に関する手当を受けるのも1つの手

積極的に給与を上げていきたいのなら、仕事で実績を積み、昇進を目指すのが効率的です。また、社内の規定によっては、資格手当や技能手当も給与増につながるでしょう。

知ること 02　責任のある仕事のほうが給与は高い

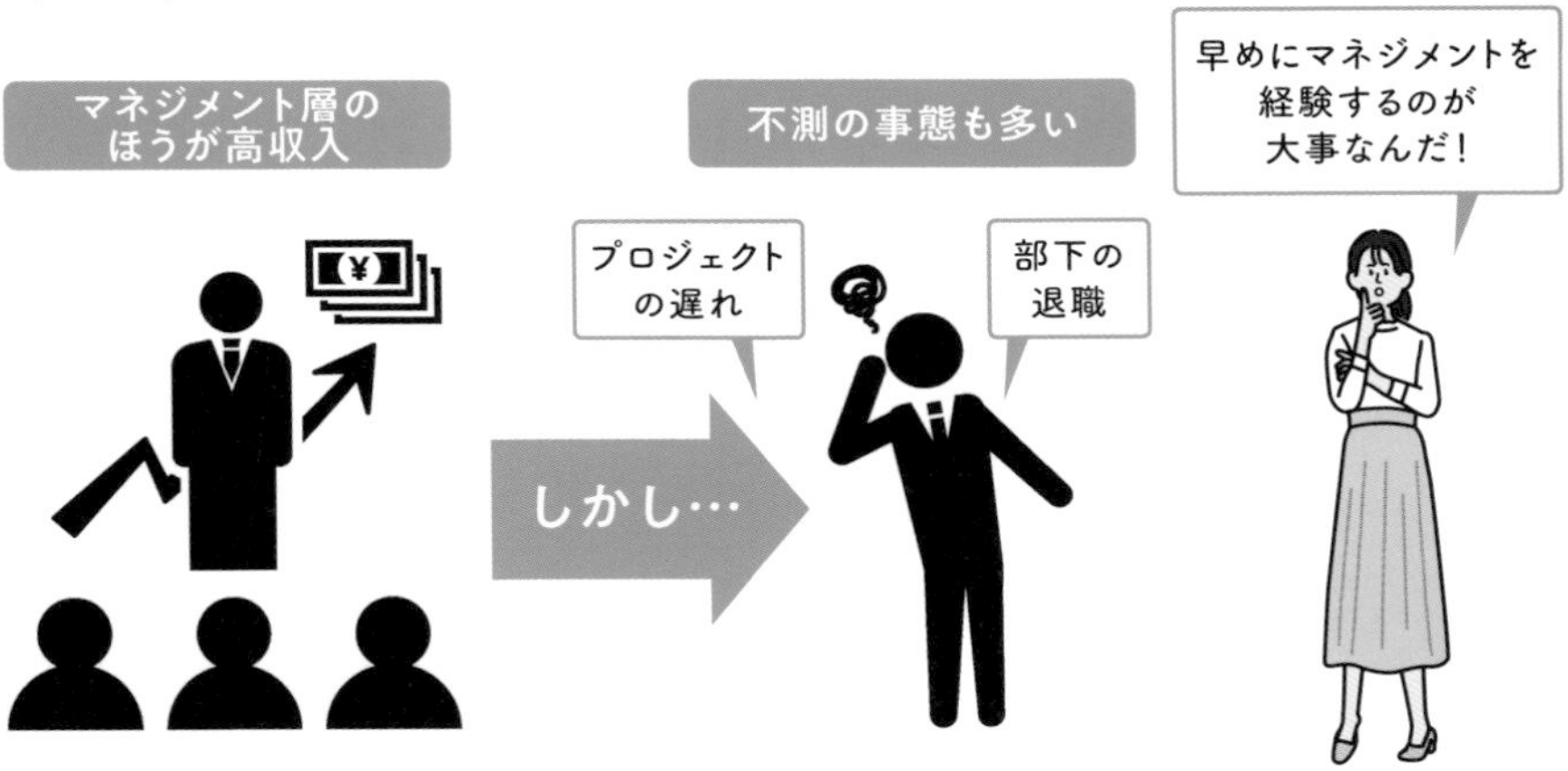
マネジメント層の
ほうが高収入
¥
しかし…
不測の事態も多い
プロジェクト
の遅れ
部下の
退職
早めにマネジメントを
経験するのが
大事なんだ!

特定の部署やプロジェクトを統括するマネジメント層は、給与が高い傾向にあります。ただし、責任者として不測の事態に対処するケースが多く、経験の積み重ねが重要です。

「資格手当」とは……業務に役立つ資格を取得・保有する従業員に対して支給される手当。毎月の給与に加算される場合もあれば、「合格報奨金」として資格取得時の一時金のみをもらえるケースもある。

転職によるキャリアアップで収入増を目指す

現在の勤務先に留まらず、思い切って転職して給与を上げていく方法もあります。ただし、必ずしも収入アップにつながらない場合も。意識すべきポイントを解説します。

先ほど話したとおり、近年では終身雇用の仕組みも見直されてきている。**場合によっては、1つの会社に留まらず、転職に踏み切ったほうが収入アップにつながる場合もある**んだよ。

うまく転職できなかったらどうしよう……とか、いろいろと考えてしまいます。

転職の目的はいろいろ考えられるけど、収入面を重視するならば、転職先の企業が自分の人材価値を高く評価してくれるかどうかが重要だね。

一般的にどのような人材が求められているんでしょうか。

例えば**新たな職場でも重宝される実務経験を持っているとか、語学やプログラミングの技能など、他の人がなかなか持っていない専門性の高いスキルがあれば、転職で有利になるだろう。**

自分に合った転職先を見つけるの、なかなか大変そうですね。

自分一人の力で難しそうなら、転職エージェントなどのサービスを利用してみるのもいいかもしれない。

普通の求人サイトとは、何か違うところがあるんですか?

登録すると求職者の相談に乗ってくれたり、企業とのマッチングをしてくれたり総合的なサポートが受けられるんだ。ただし転職が成功した場合、成功報酬がかかる点に注意だね。

「実務経験」とは……一般的に特定の業務に携わっていた経験を指す。企業の求人において実務経験が重視されている場合、即戦力となる人材を求めている場合が多い。

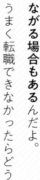

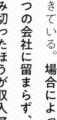

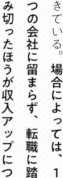

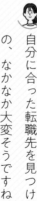

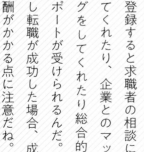

知ること 01 実績や専門スキルが収入増につながる

収入アップに……

○ つながりやすい

●社外でも評価される実績がある

●専門的なスキルや知識を持っている

× つながるとは限らない

●評価されるキャリアがない状態で転職

●ライフスタイルに合った仕事を志向

転職で収入増を目指すなら、自分が労働市場においてどれくらいの価値があるか確認することが重要。キャリアがあまりない新卒数年目のうちでの転職は、給与が上がりにくいでしょう。

知ること 02 必要なら転職エージェント活用も検討

	転職エージェント	転職サイト
手間	× 要登録・相談	○ 検索・応募のみで済む場合も
求人数	○ 非公開求人がある	○ サービスにもよるが豊富
収入アップ	○ 年収交渉が可能	× 自分で交渉する必要がある

近年ではWebサイトから求人に応募できる「求人サイト」のほかにも、積極的な転職サポートを受けられる「転職エージェント」というサービスも生まれています。

「労働市場」とは……「働くこと」を商品として、企業の需要と労働者の供給をめぐる市場取引を指す。豊富な実務経験や専門スキルを持っている人は、労働市場において需要や市場価値が高いといえる。

副業で固定収入に上乗せする

近年では、本業とは別の仕事に携わる副業も認知されてきています。副業を始めるうえでの注意点や、どんな副業があるのかなどをチェックしていきましょう。

収入を増やす方法はほかにもあって、近年注目されているのが副業。厚生労働省も労働者の多様なキャリア形成をあと押しするため、ガイドラインなどを通じて促進しているほどなんだ。

現在の仕事に加えて、別の仕事も始めるということですか？　結構大変そう……。

中野さんの言うとおり、**本業に打ち込み、あまり余力がないのなら無理して副業する必要はないだろう。**仕事のスキルアップをはかり、高収入の職場に転職するほうが現実的かもしれない。

それに、どんな副業があるかもよく知らなくて。本業とは別の職場でアルバイトをするとか？

そういう選択肢もあるけど体力的な問題もあるから、おすすめはしないかな。とくに**最近はインターネットを活用して、すき間時間でも取り組みやすい副業もある。**例えばネット通販が普及している昨今、自分で何か商品を作ったり仕入れたりして、販売する方法も考えられる。

稼げるかどうかは別として、自分のペースでできそう。

それからクラウドソーシングといって、企業がインターネット上で不特定多数に業務を発注するサービスも現れてきた。**本業のスキルを活かせる仕事を受注できれば、効率的な収入アップにつながるかもね。**

「厚生労働省」とは……国の行政機関の1つで、「国民生活の保障・向上」と「経済の発展」を目指すため、社会保障や労働分野などの施策を行う。2018年に「副業・兼業の促進に関するガイドライン」を作成。

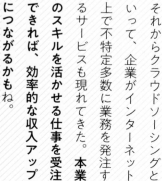

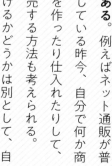

やること　勤務先が副業禁止ではないか確認

国の法律
副業可能
会社の就業規則
ウチは副業禁止
勤務先
社員
こっそり副業しても……
税金・社会保険料の変化でバレることが
TAX
本業に加えた収入があれば税金・社会保険料の負担がその分増加。これらの費用は原則、給与から天引きされるので、給与計算の過程などで副業がバレることがある

合法とされている副業ですが、会社の就業規則で禁じられているケースも。そのような職場で黙って副業をすると、税金・社会保険料の変化から明るみに出てしまう場合があります。

知ること　無理なく続けられる副業が◎

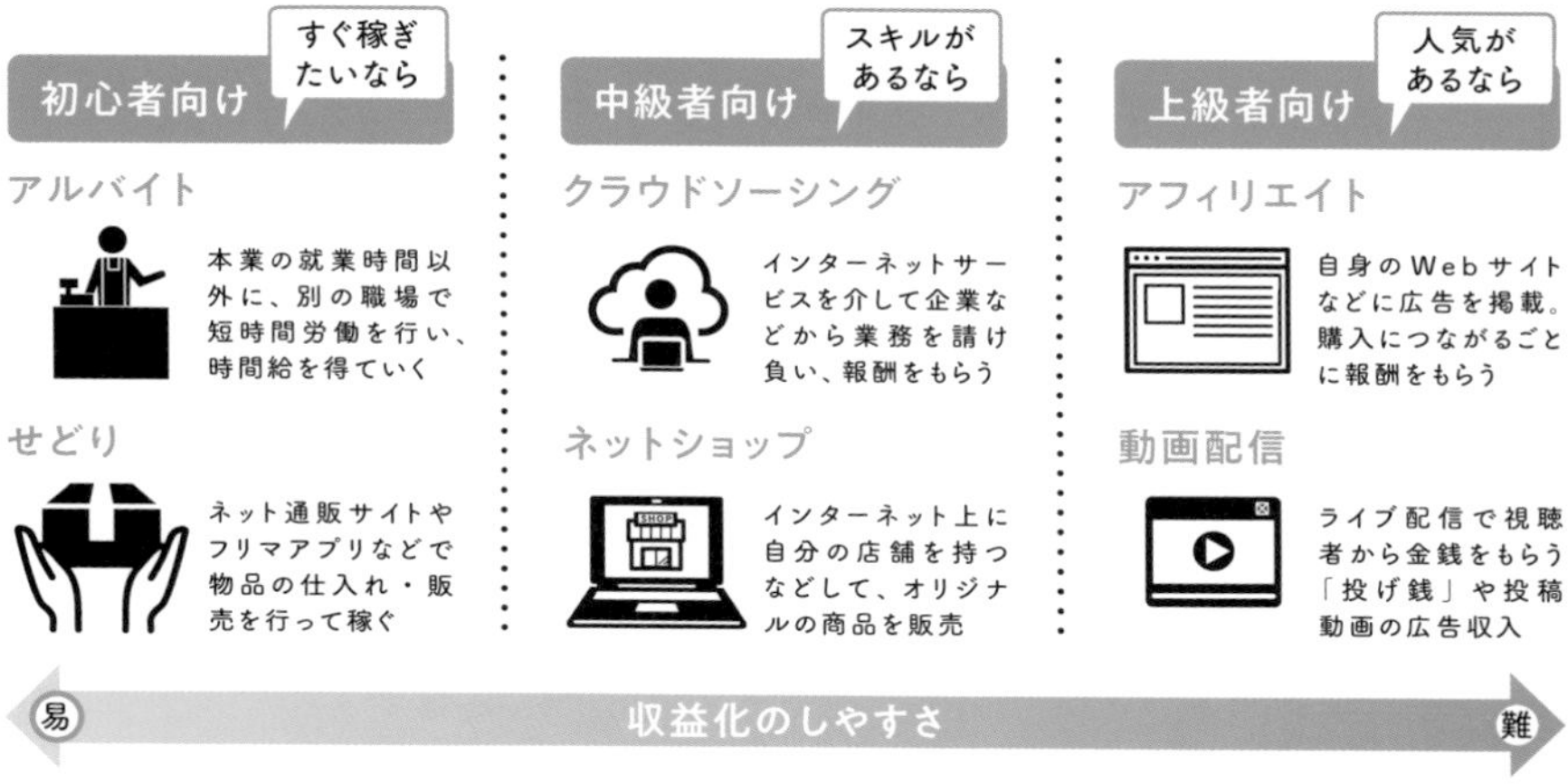
初心者向け
すぐ稼ぎたいなら
アルバイト
本業の就業時間以外に、別の職場で短時間労働を行い、時間給を得ていく
せどり
ネット通販サイトやフリマアプリなどで物品の仕入れ・販売を行って稼ぐ
中級者向け
スキルがあるなら
クラウドソーシング
インターネットサービスを介して企業などから業務を請け負い、報酬をもらう
ネットショップ
SHOP
インターネット上に自分の店舗を持つなどして、オリジナルの商品を販売
上級者向け
人気があるなら
アフィリエイト
自身のWebサイトなどに広告を掲載。購入につながるごとに報酬をもらう
動画配信
ライブ配信で視聴者から金銭をもらう「投げ銭」や投稿動画の広告収入
易
収益化のしやすさ
難

副業の大前提は、本業に差し支えのない負担の範囲で行うこと。近年では労働時間について比較的自由がきく、インターネットサービスを活用した副業も現れてきています。

「フリマアプリ」とは……フリーマーケットのように、オンライン上で個人間による物品の売買ができるスマートフォンやタブレット端末のアプリ。サービスの提供事業者が取引金額の数％をユーザーから徴収している場合が多い。

独立して自分の力で稼いでいく

会社員としてどれだけ働いたとしても、基本的な収入は組織のルールの範囲内に限られてきます。収入基盤を根本的に変えたいのなら、独立も選択肢になるでしょう。

大幅な収入アップを目指したいという人は、現在の仕事に区切りをつけて、独立したビジネスを始める道もある。

自分が事業の代表者になるわけですよね。なかなか想像がつかないです……。

独立といっても営業所を構え、従業員を何十人も雇う……といったスタイルだけじゃない。**一般的に、会社や組織に属さず個人で仕事を請け負う働き方を「フリーランス」と呼び、これも独立の1つのかたち**さ。

デザイナーさんやイラストレーターさんとか、個人の力で活躍している人、確かにいます！

フリーランスのなかでも、事業にかかわる届出や収入に関する税区分などによって「自営業者」「法人経営者」など、いろいろと呼び方はある。共通していえるのは、**独立すると会社員のときよりも安定的な収入が見込みづらくなる点**だ。仕事がまったく得られずに無収入となってしまうリスクすらある。

会社勤めなら、あまりお仕事がないときでも毎月給与はもらえるわけですもんね。

できれば**見込み顧客などがいて、収入のめどがある程度ついている状態での独立が理想**。そうでないのなら、当面の生計維持のため半年～1年分くらいの生活費の確保をおすすめしたいね。

「法人」とは……法律によって、人と同じように一定の権利・義務が与えられた存在。会社法にもとづき設立された法人を「会社」といい、法人化していない個人事業と比べ、税制面で優遇されるなどのメリットがある。

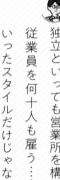

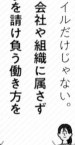

知ること 01 独立で収入リスクは高くなる

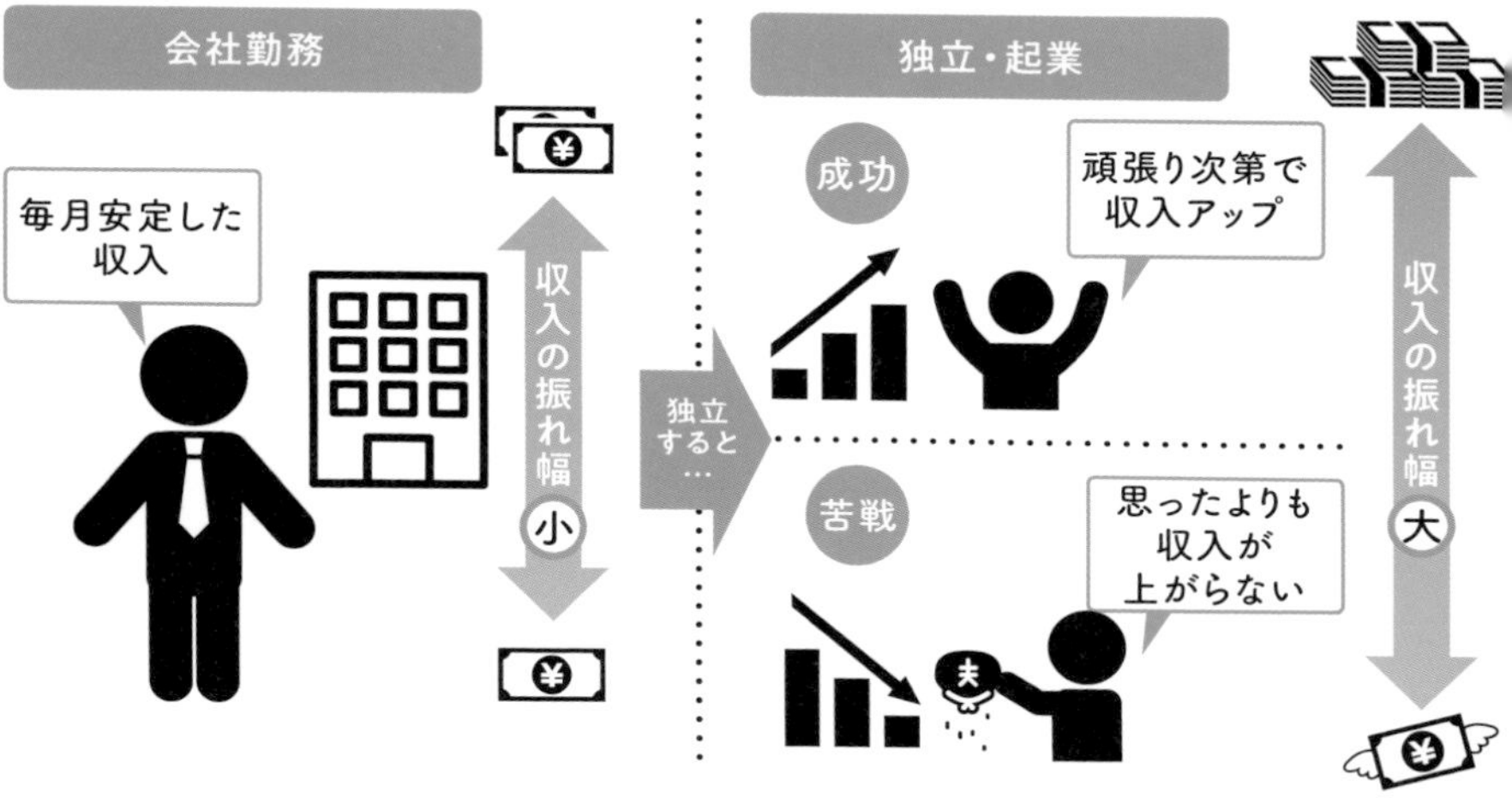

毎月一定額の給与がもらえる会社員とは対照的に、フリーランスなどは働いた分だけ収入が得られる働き方といえます。思うように成果があげられなければ、収入が大幅に減るリスクも。

知ること 02 資金・スキル・営業力が必要

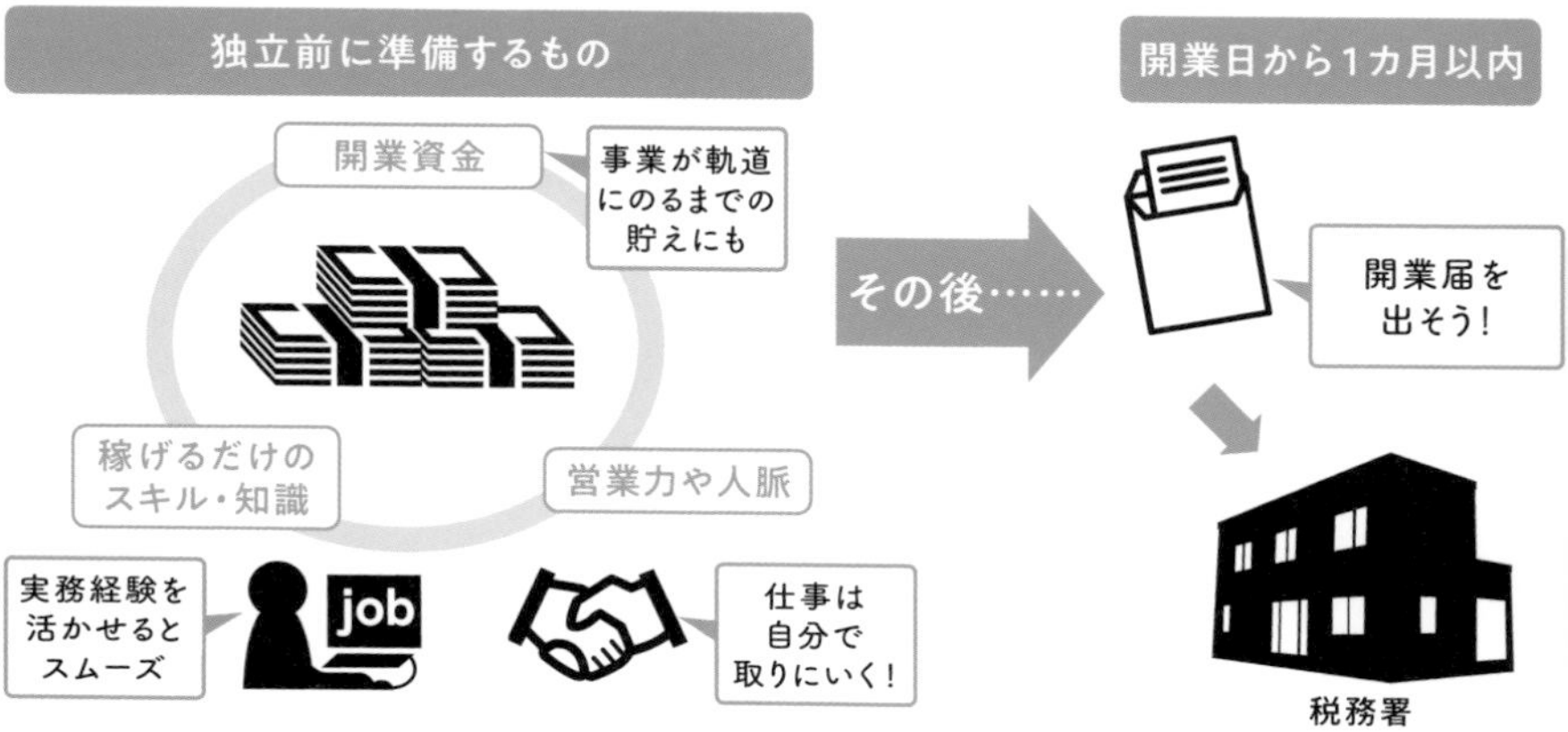

独立に先立って、事業に必要な物品やテナント確保などに使う開業資金が必要。そのほかにも、仕事にかかわる人脈形成やスキル・知識の習得もしておいたほうがいいでしょう。

「開業届」とは……個人事業主として事業を始める際、開業から1カ月以内に税務署へ提出する書類で、正式名称は「個人事業の開業・廃業等届出書」。提出は所得税法上の義務だが、違反しても罰則はない。

資格を取得してスキルアップを目指す

収入を上げる方法はさまざまですが、基本的には働くうえでの強みとなるスキルの習得・研さんが重要に。その一手段である資格取得について解説していきましょう。

本業に打ち込むにせよ、副業や転職・独立を検討するにせよ、収入を増やしたいのなら、仕事に役立つ専門的なスキル・知識の習得が非常に大事だ。

スキルといっても、いったい何を学べばいいか悩みます。

まずは「どんな仕事に就きたいか？」をベースに考えよう。例えば、今の職場でマネジメント業務に携わりたいのなら、会社の経営状態を把握しておくための財務・会計知識が求められるかもしれない。比較的収入の高い外資系企業に転職したいなら、相応の語学力が必要な場合も。こうしたスキルの習得にあたって視野に入れておきたいのが、関連する資格の取得さ。

語学ならＴＯＥＩＣという資格を聞いたことがあります。

民間団体が認定する、いわゆる「民間資格」だね。とくにＴＯＥＩＣは世界的な権威を持ち、一定以上のスコアを人材の募集要件としている会社もあるほどなんだ。一方で、法にもとづき国や、国から委託を受けた団体が管轄する「国家資格」もある。

国が認めるということは、評価してくれる会社も多そう。

そのとおり。さらに**国家資格には、保有者じゃないと従事できない業務を有する資格もあるなど、実用性が比較的高い**のも特徴といえる。

「外資系企業」とは……厳密な定義はないが、主に外国の投資家や法人による資本で成り立つ企業を指す。日本国内の企業でありながら、海外の出資者の意向が経営方針などに大きく影響を与える。

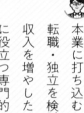

やること

従事する仕事に関連した資格を取ろう

■働きながらでも取得可能な資格の例

	受験（検）料	活用分野	特徴
日商簿記検定2級	4720円	企業の経理・財務部門や税理士・会計士事務所など	企業の経営活動や営業取引を、帳簿に記録する技能を認定する民間資格
TOEIC	7810円	とくに外資系企業や海外への出張・赴任が多い企業で重宝されやすい	ビジネスや日常生活における会話・文章のやり取りの技能を測る民間資格
ITパスポート	7500円	必要最低限のITリテラシーが求められるさまざまな企業	ITに関する基礎的な知識を証明する国家資格で、経済産業省が認定
FP技能士2級	1万1700円 ※学科試験、実技試験の合計	金融業界や不動産業界をはじめ、お金にかかわる士業など幅広い職種	税金、資産運用などお金に関する幅広い知識を証明できる国家資格
社会保険労務士	1万5000円	一般企業の人事・総務部門のほか、社会保険労務士法人・事務所など	社会保険や労働の法知識を認定する国家資格で、所定の独占業務がある

資格は特定のスキル・知識の証明となり、昇進や転職、独立後の顧客獲得で有利に働く場合があります。さらに国家資格の場合、独占して行える業務があるものも。例えば上述の「社会保険労務士」は、労働保険に関する書類の作成・提出代行などを唯一認められています。

「士業」とは……「〇〇士」と名前がつく専門性が高い職業の俗称で、一般的に弁護士や司法書士、弁理士、税理士、社会保険労務士、行政書士、土地家屋調査士、海事代理士など、国家資格にもとづく仕事を指す。

スキルアップの訓練で受講費用の給付が出る

スキルアップのために、資格予備校などの講座を受けようと考えている方もいるでしょう。実は通う教育施設によっては、国から受講費用の補助が出ることもあるのです。

私、あまり勉強が得意じゃないから、スキルアップを目指すなら資格予備校とかに通おうかな。でも受講費用が高そう……。

「教育訓練給付制度」は知っているかな？働く人の能力開発やキャリア形成をあと押しする、国の制度なんだ。**厚生労働省指定の講座なら、かかった経費の一部について給付が受けられる場合がある。**

そんなうれしい制度があるんですね。でも、細かい利用の条件があるんでしょうか？

制度の主な対象は、雇用保険の加入者。週20時間、1カ月以上働いている会社員で学生じゃなければ、おおむね利用できるよ。一方、公務員や個人事業主などは雇用保険に加入できないので対象外となる。

会社を辞めて次のステップのため、学習に集中したいという人は利用できないんですか？

そこはきちんとフォローされていて、**会社の離職から1年以内、要は最近まで雇用保険に入っていた人も原則対象。**ただし、頻繁に制度を利用している人には一定の制限がある。教育訓練給付制度は国民の就職促進を支援する狙いもあって、**相談・申請窓口となるのはハローワーク。**訓練の種類もいろいろあるから、自分が受けたい講座で制度を活用可能か聞いてみるといいよ。

「雇用保険」とは……**労働者の生活・雇用の安定や就職促進のための公的保険制度。主に失業者の生活保障のための給付を実施するほか、就職のための教育訓練費用の一部支給などを行っている。**

やること まずはハローワークで手続きを

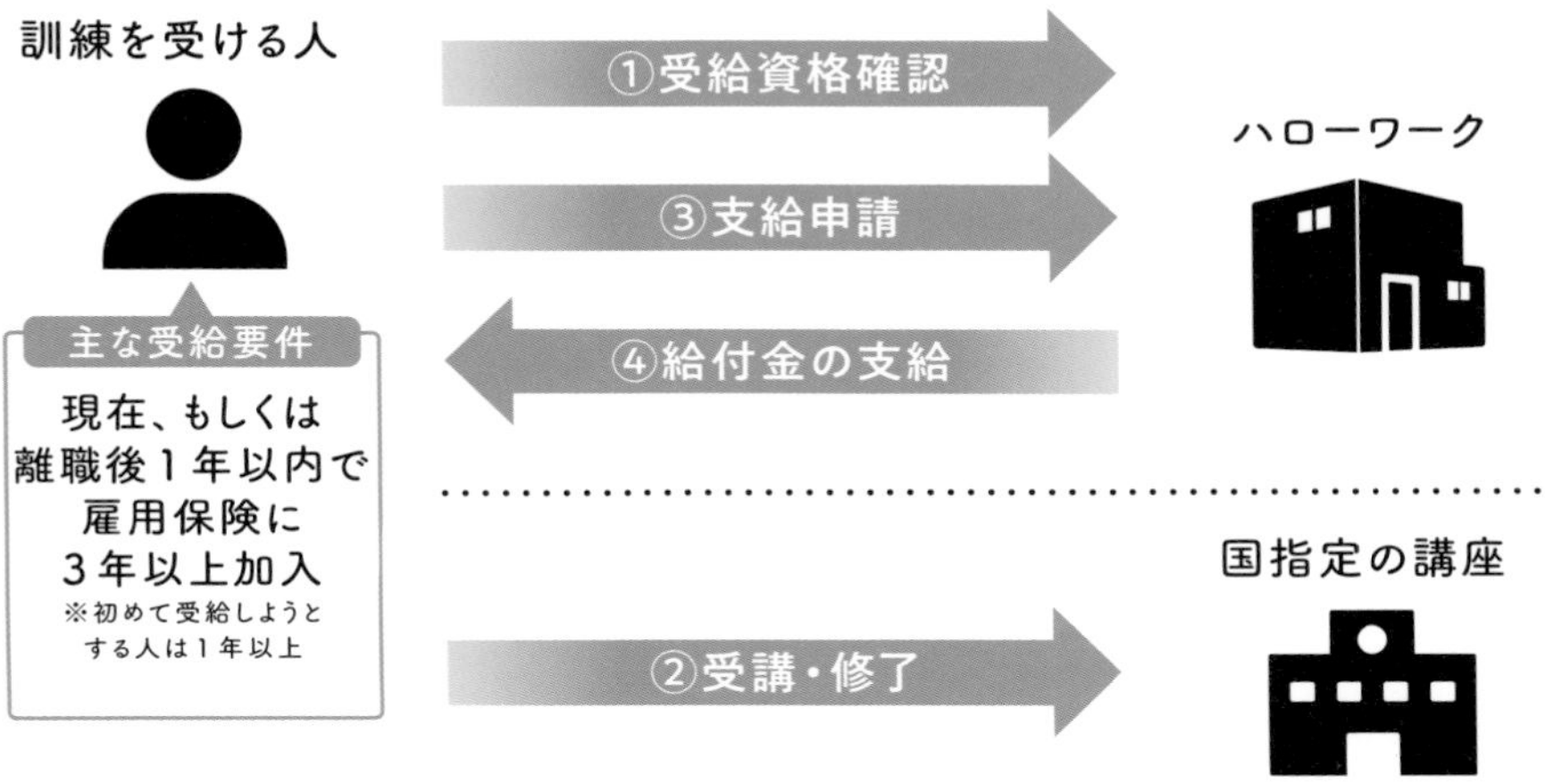

支給要件の照会手続きや申請先は、居住地を管轄するハローワーク。基本的には申請後、国指定の講座を受講・修了してから給付金を受け取る流れとなります。

知ること 訓練によって給付率が違う

	一般教育訓練	特定一般教育訓練	専門実践教育訓練
給付率	受講費用の20% ※年間上限10万円	受講費用の40% ※年間上限20万円	受講費用の50% ※年間上限40万円、再就職などで20%（年間上限16万円）の追加支給あり
対象訓練	語学からPCスキル、難関資格・検定まで幅広い	介護職員初任者、宅建士、大型自動車、大型特殊自動車、けん引、フォークリフトなどの業務独占資格など	介護福祉士、保育士やプログラミングなど社会のニーズを踏まえた資格やスキル

給付金の対象となる教育訓練は、取得難易度や社会的な需要などによって区分された上記の3種類。それぞれで対象講座や給付割合、給付上限額などが異なります。

「ハローワーク」とは……公共職業安定所とも呼ばれ、求職者への求人紹介や求人事業主に対する人材確保支援など、雇用に関するさまざまなサービスを無償で提供している。全国に500カ所以上設置。

＼ 気になるトコロを1分で解決 ／

サクッとわかるQ&A

～収入アップ編～

Q 「定期昇給」と「ベースアップ」ってどう違うの？

A 昇給は個人、ベースアップは全従業員が対象です。

定期昇給は個人に対し、社歴や仕事の成果などに応じて基本給を上げる仕組みです。あくまでも「給与が上がる機会」があるにすぎず、会社の業績や個人の成績によっては実施されない場合も。一方でベースアップは基本給を社内一律で引き上げ、全従業員が恩恵を受けられます。

Q 残業代で収入を増やしていくのはアリ？

A そういう働き方はしにくい時代になっています。

● 時間外労働の上限規制

原則

- ☑ 月45時間
- ☑ 年360時間

特別な事情がある

- ☑ 年720時間以内
- ☑ 複数月平均 80時間以内
- ☑ 月100時間未満

厚生労働省は、労働者の多様な働き方の実現に向け「働き方改革」を推進。一環として、法律で時間外労働の上限時間を左図のように定めています。残業代で収入を増やそうとしても、法令遵守のため会社から控えるように求められるかもしれません。

Q 収入リスクのほかに、会社員からフリーランスになる際の注意点は？

A 利用できる社会保障制度が少ない点です。

	フリーランス	会社員
年金保険	国民年金	国民年金＋厚生年金
医療保険	国民健康保険	健康保険（協会けんぽ・健康保険組合）
労災保険	原則なし（一部事業に特別加入制度あり）	あり
雇用保険	なし	あり

主な優位点

- 年金額が多い
- 出産手当金、傷病手当金がある
- 通勤、仕事中の傷病について保障
- 失業時に手当などが給付

会社員は利用可能な社会保険制度が比較的多く、傷病・失業などのリスク、そして出産や老後生活といったライフイベントに対する給付が充実しています。フリーランスになるとこれらを受給できなかったり、受給額が少なくなったりするなどのデメリットがあります。

Q 独立か副業かで迷ったら？

A 心配なら副業から始めてみましょう。

メリット①

独立のプランニングに役立つ

経営の疑似体験が可能

- 副業の収益状況を、独立に向けたビジネスプランの参考にできる
- 「独立しても生計を立てていけるか？」などの判断材料になる

メリット②

ノウハウ・実績の蓄積

「効率よく」稼ぐ術が身につく

- 独立に必要なスキルや知識を学べる
- 仕事実績を積み重ねることで独立時のPRポイントに
- 独立のための人脈づくりにも

メリット③

独立資金づくりにも

本業の収入にプラスして貯められる

- 本業の安定的な収入を得つつ、開業資金や運転資金を貯めていける

ただし本業に加えた負担に注意しよう

たとえ独立しても、収入の見立てが甘く資金繰りに行き詰まってしまう恐れもあります。まずは副業でビジネスを始めてみて、仕事のコツを掴み、安定的な収入や開業資金のめどが立ってから独立していく方法も考えられるでしょう。

STEP 4 まとめ

1. 本業に打ち込むのが基本、
マネジメント層への昇進を目指す　（P76）

2. 実務経験や専門スキルによっては
転職で収入アップの可能性も　（P78）

3. 副業は無理のない範囲で
インターネットの活用も選択肢に　（P80）

4. 独立は収入減のリスクに注意、
当面の生活資金は確保しておこう　（P82）

5. 専門技能を身につけたいなら
資格取得も検討しよう　（P84）

6. スキルアップの教育訓練には
国から給付金が出る場合がある　（P86）

まずは強みとなる
スキルを磨こう！

STEP
5

投資をしよう

～自分に合った方法を選ぼう～

1.5カ月分の生活費があるなら投資を検討！

投資はギャンブルと違い、多くの人の利益を目指す仕組みです。家計を見直し、預貯金にもある程度ゆとりが出てきたら、投資でお金を増やすことも検討していきましょう。

いよいよ投資を始めていくけど、中野さんは投資とギャンブルの違いってわかる？

同じじゃないんですか？

投資は集めたお金をもとに企業が事業をして、増えた利益をみんなで分け合うんだ。投資家の資産は全体で見ると増えてるね。ギャンブルは集めたお金の大半を運営元が受け取り、一部の人だけに還元する。全体の利益は増えていないし、損する人も多い仕組みといえるよ。

投資は勝ち負けではなくて、みんなの利益を目指すんですね。ちょっと安心……でも、さすがに貯蓄が優先ですよね？

そうだね。いざというときに備えて、7・5カ月分以上の生活費を確保してから始めるのが理想だけど、もし時間がかかりそうなら併走するのもありだよ。**少なくとも1・5カ月分の預貯金があるなら投資を始めてOK。**

それなら、もう少しで始められそうです！

投資は期間が長いほど高い効果が期待できるから、なるべく早くから始めるのがポイント。例えば、家計の黒字部分が月3万円だとしたら、預貯金に2万円、投資に1万円のように割合を決めて両立させていこう。**預貯金が7・5カ月分貯まったら、投資割合を増やしていくことも考えたいね。**

投資と投機……投資の類似用語の「投機」は短期間で利益を得ようとする行為。ある資産の価格の動きを予測し、上がるか下がるかにかけて売買を行う。誰かが勝った分だけ、同額負けた人が必ず生まれる仕組み。

知ること 01 投資とギャンブルは別物！

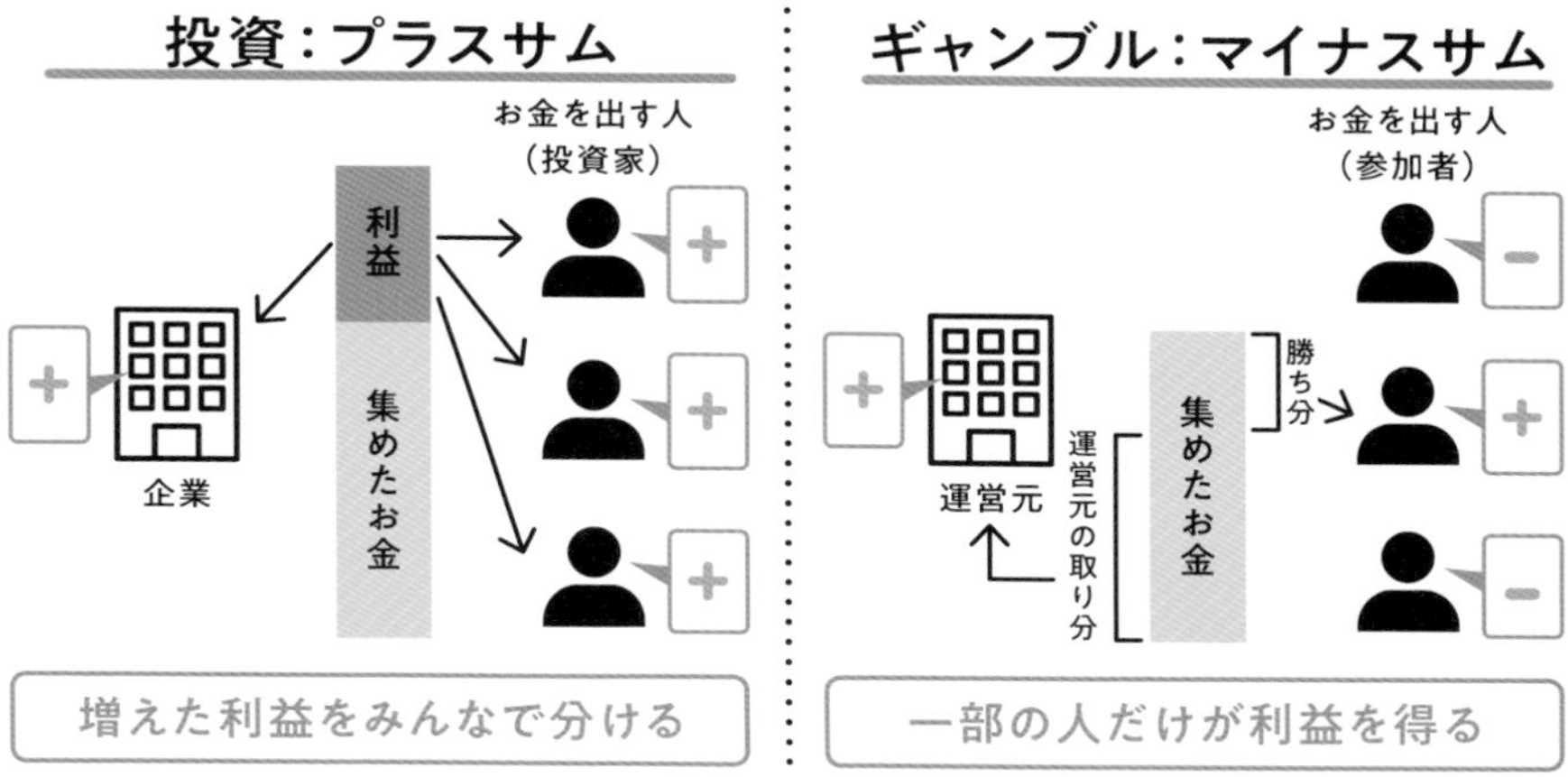

企業に利益が出ているとき、その企業に投資した人はみんな恩恵を受けます。ギャンブルは1回のゲームで必ず敗者が出ます。確率でいえば、マイナスのほうが多くなる仕組みです。

知ること 02 貯蓄が少しでも投資を始めてOK！

■貯蓄と投資の進行イメージ

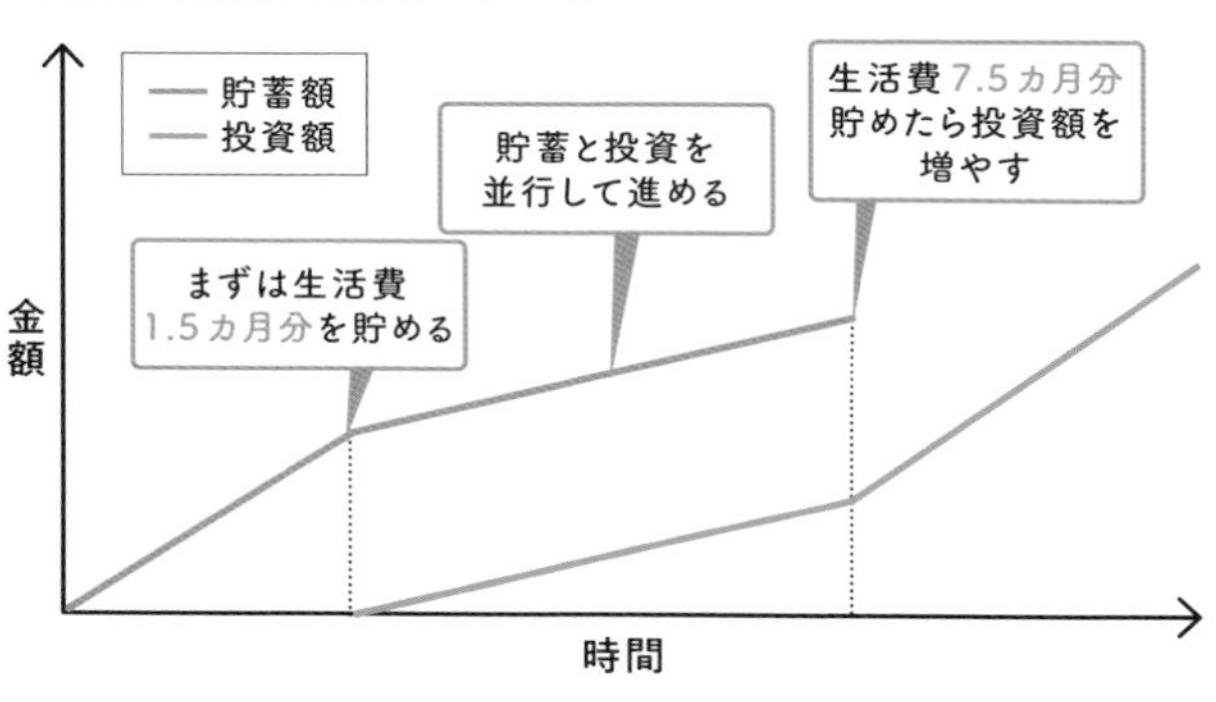

投資は早くから始めたほうがいいものの、預貯金がまったくない状態は避けたいところ。少なくとも1.5カ月分の生活費を貯蓄として確保してから投資との併走をスタートさせましょう。

「プラスサム」とは……参加者全員の利益合計が、投資額や集金額に対してプラスになること。合計がマイナスになる場合はマイナスサム、負け分を勝った人が総取りするなど、合計が変わらない場合はゼロサムという。

投資の基本は長期・積立・分散

投資で得られる利益には「分配金」と「値上がり益」があります。リスクを抑え、安定した値上がり益を狙うためにも、「長期」「積立」「分散」の三原則が大切になります。

92ページで投資は利益をみんなで分けると説明したよね？　この**「分配金」が、投資家が得られる利益の1つ**なんだ。

ほかにもあるんですか？

もう1つは「値上がり益」。投資は株式や投資信託といった金融商品の取得を通じて行うんだけど、金融商品の価格自体も変化するんだ。もし**買ったときより売ったときの価格が高ければ、その差額が利益になるよ。**

ということは、値下がりで損するケースもある？

そのとおり。だからこそ、価格変動のリスクを抑えた投資が大切なんだ。具体的には「長期」「積立」「分散」の三原則を守ること。**購入タイミングや投資先を分けて長く投資することで、値動きの影響を少なくする**んだ。

でも、安く買って高く売れれば、絶対に利益が出ますよね。

理屈のうえではそれが理想だけど、いつ、どう価格が変わるかは予測が難しい。それに、値下がりも悪いことばかりじゃない。同じ資金でたくさん購入できるメリットがあるよ。購入数が増えれば、将来値上がりしたときの恩恵も大きくなるんだ。

値下がりもチャンスなんですね。

ポイントは相場を気にせず、「長期」「積立」「分散」投資を続けること。投資信託はそれにぴったりな商品といえるね。

「分配金」とは……投資信託の分配金には普通分配金と特別分配金の２種類がある。主な違いは税金のかかり方で、普通分配金は課税対象、特別分配金は非課税扱いとなる。なお、株式では分配金を「配当」と呼ぶ。

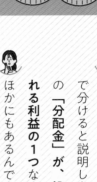

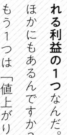

知ること 01 三原則でリスクを回避

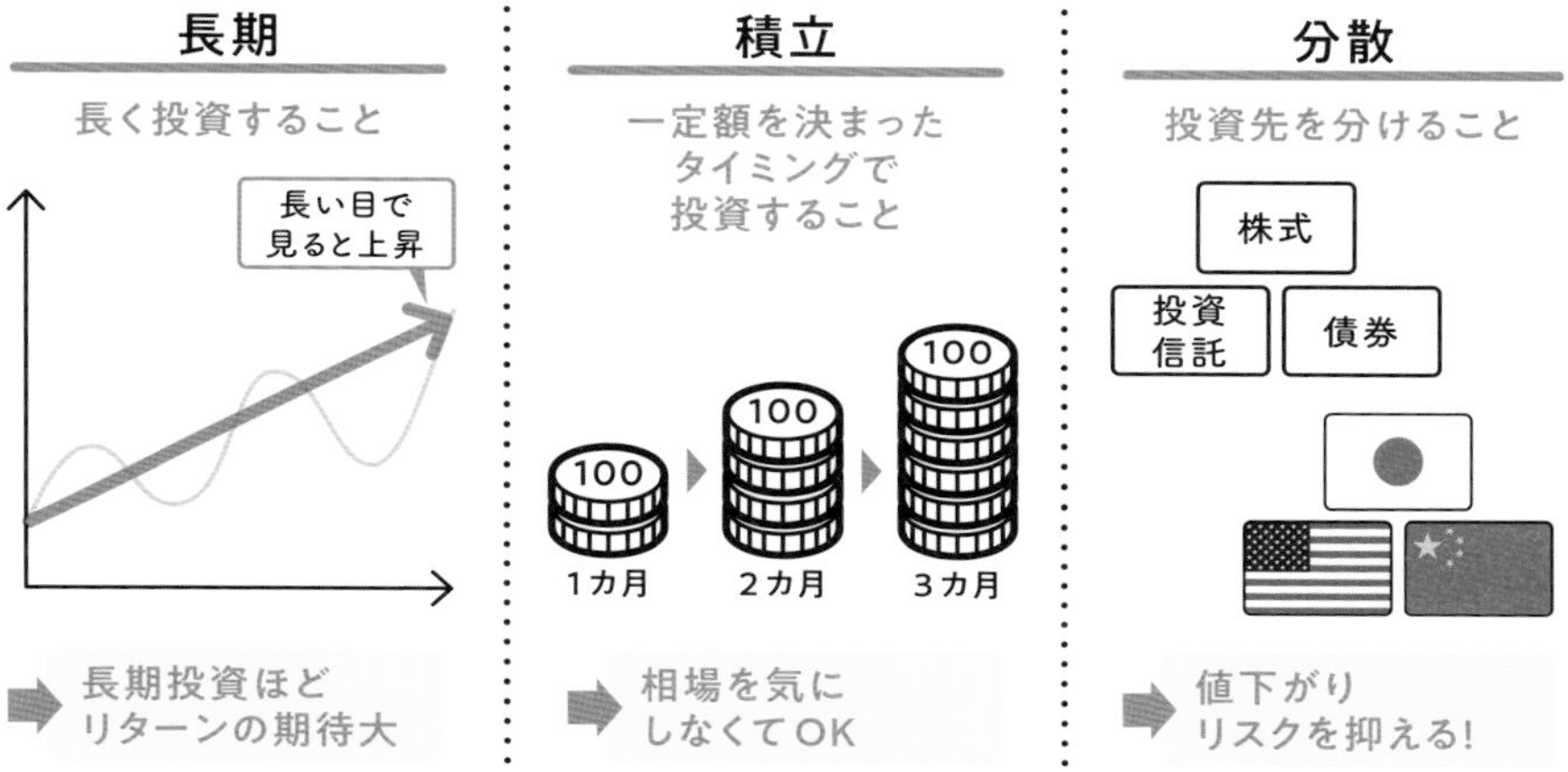

単一商品への短期間投資は、値下がりの影響が大きいです。「長期」にわたって資金を少しずつ「積立」し、投資先を「分散」することで、それぞれの価格変動の影響を抑えられます。

知ること 02 変動相場こそ積立が強い

■積立と相場の進行イメージ

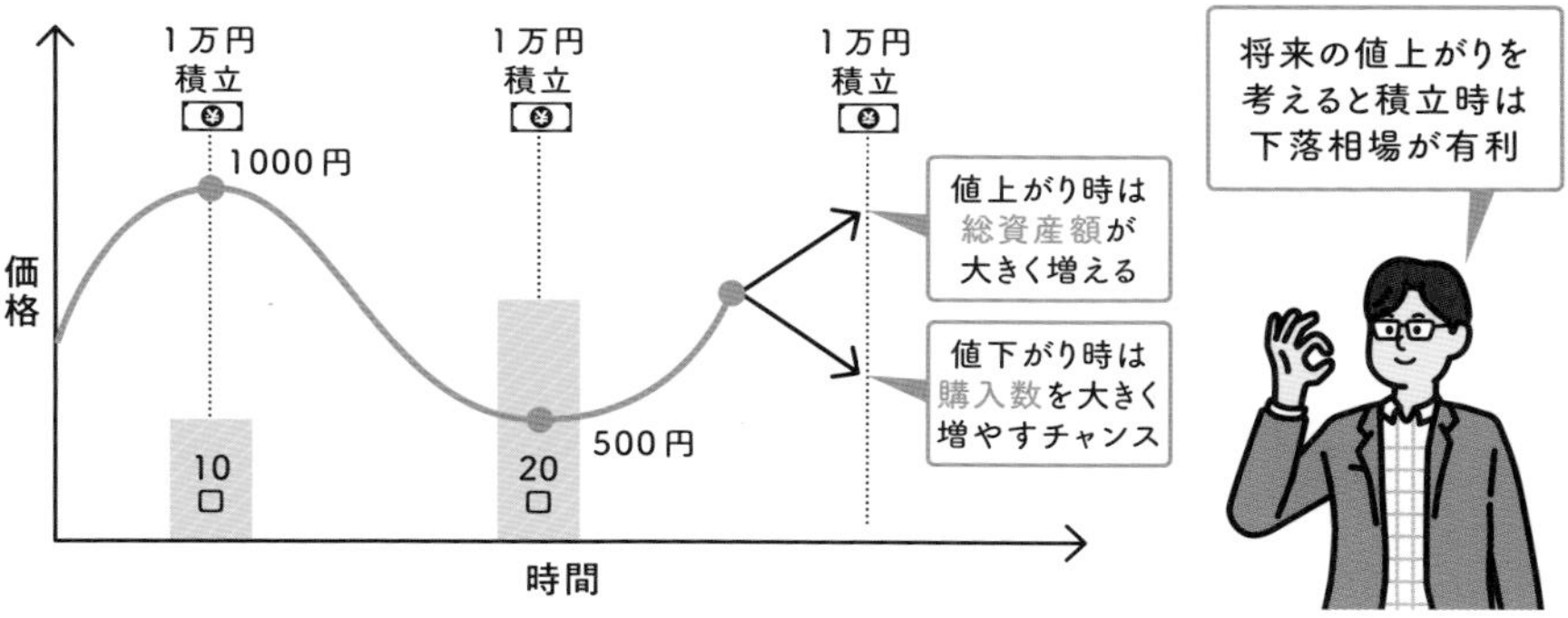

同じ金額を分散して投資すると、価格が高いときは購入数が減り、低いときは増えます。これをくり返すことで全体の購入価格が平準化され、将来の値上がり時の恩恵が大きくなります。

ドルコスト平均法……価格が変動する商品に対して、定期定額で積立を続ける上ページ下図の投資方法。値下がり相場では、積み立てるほどに全体の平均購入価格が下がっていく。

まずは月1万円を積み立ててみよう

どうして早くからの投資がいいのでしょうか？ 投資に回しているお金には、期間に応じて運用益が上乗せされます。現金だと資産は貯めた分だけ。この差がメリットなのです。

投資は少額から始めてもいいんですか？

大丈夫。投資で大事なのは無理のない範囲で、早く始めることだからね。ただ、少額すぎても投資効果を実感しづらいから、**まずは月1万円を目安に積み立ててみよう。**

早くから始めるメリットってそんなに大きいんですか？ まとまった金額を用意してから一気に投資したほうが、どーんとお金も増えそうですけど。

ちょっとシミュレーションしてみようか。例えば月1万円を貯金して30カ月後に30万円を投資した場合と、月1万円を積立投資した場合。30カ月目の元本は同じ30万円だけど、**投資をしていた場合はさらに30カ月分の運用益も上乗せされる。**94ページで説明したように、値下がりリスクも防げる。これが少額でも早くから投資する理由なんだ。

現金で用意している間に、投資を始めたほうはどんどん資産を増やしているんですね。貯めているだけの期間はもったいないかも……。

もちろん、投資には値下がりリスクがあるから、減る心配の少ない預貯金はある程度あったほうがいい。それでも、**投資をしない期間の機会損失は見過ごせないから、少しずつ始めるのが大切**なんだよ。

「利回り」とは……投資金額に対する利益のこと。一般的には年単位の収益の割合を指し、「年利」とも呼ぶ。利回りが大きいほど、投資によって得られる利益も大きいと判断できる。利益には利子や分配金、値上がり益も含む。

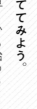

知ること　短期集中より少額でも早くから！

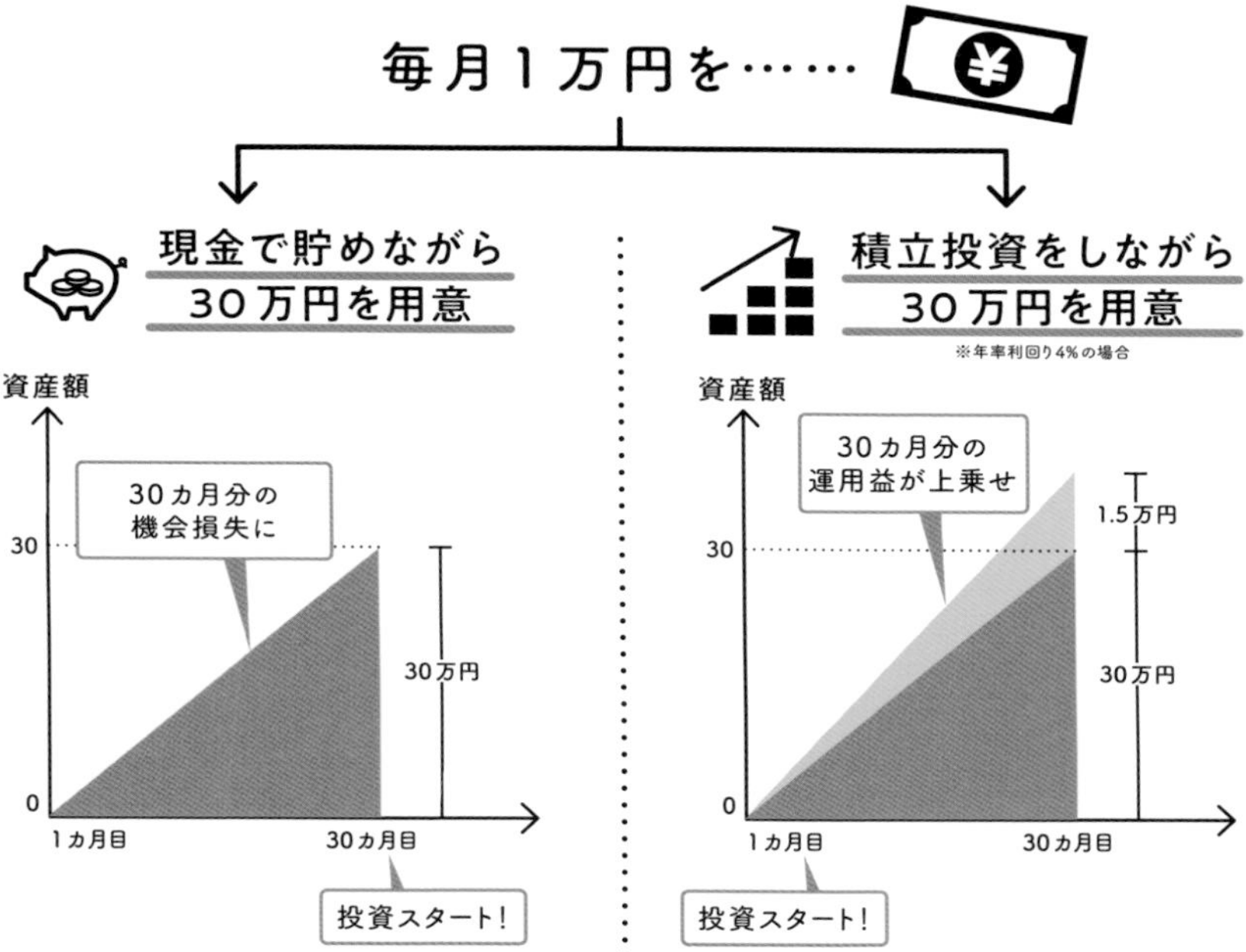

投資の利点はお金自体が働いて、お金を増やしてくれる点にあります。同じ30万円を投資する場合でも、30万円を貯めてからまとめて投資するより、少しずつ投資して元本を30万円にしたほうが、同じ時点の資産額に大きな違いが生まれるのです。

ココもPOINT

複利の効果で どんどん増える

運用で得た利息（利益）を再び運用に回すと、利息にも利息がつきます。これが「複利の効果」です。最初は小さな利息でも、時間をかけて積み重ねると徐々に大きくなり、資産の増え方も加速します。

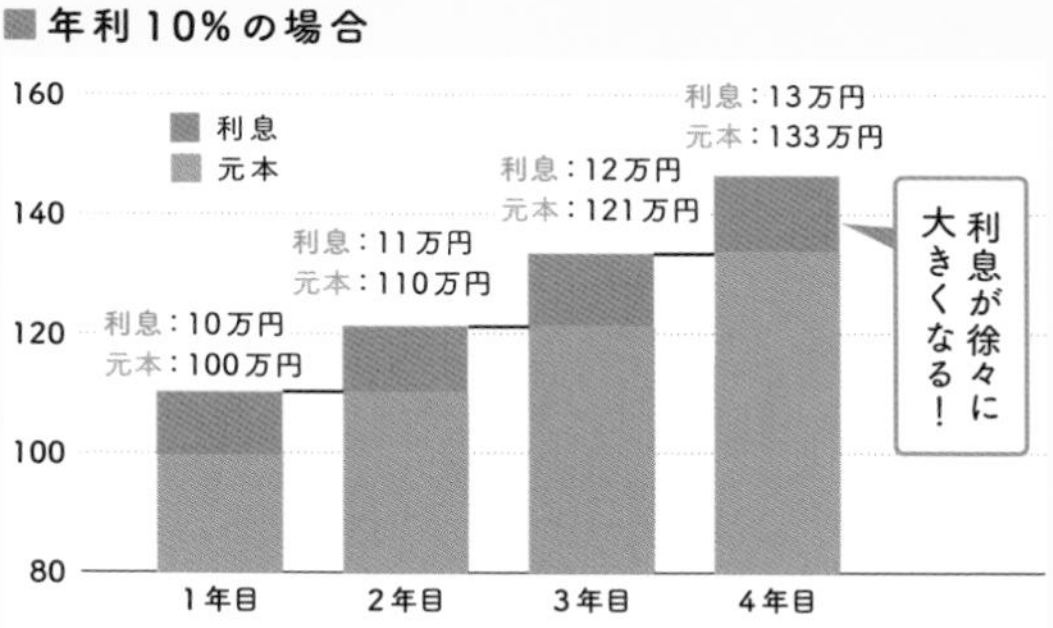

「単利・複利」とは……利息のつき方には「単利」と「複利」の2種類がある。単利は元本にしか利息がつかないため、毎回一定額となる。一方複利は利息に利息がつくため、徐々に金額が大きくなる。

「投資信託」から始めよう!!

投資でよく耳にするリスク・リターンは、それぞれ収益の結果とその振れ幅を指します。金融商品ごとのリスク・リターンをしっかりおさえて投資先を選ぶのが大切です。

投資信託や株式以外にも、投資できる商品はあるんですか？

預貯金や不動産、暗号資産などいろいろあるよ。それぞれリスクとリターンが違うんだ。

今さらなんですけど、投資のリスクやリターンって……？

簡単に説明すると、**リターンは投資の結果。リスクはその振れ幅**だよ。プラスのリターンは利益で、マイナスのリターンは損失ということになるね。損失を抑えようとすれば、その分期待できる利益も少なくなるし、逆に大きな利益を狙うなら、損失も大きくなる可能性がある。だから、**投資では自分がどれくらいの損失までなら許容できるかを踏まえて、リスクとリターンを考える必要があるんだ。**

リスクを抑えるとリターンが大きくならない……難しいですね。

リターンが少なすぎると、結局資産も増えていかないから、ほどほどのリターンは狙いたいところ。**初心者のうちはミドルリスク・ミドルリターンの投資信託から始めるといいね。**

他の商品の特徴についても知りたいです！

預貯金は代表的なローリスク・ローリターン商品だよ。暗号資産やFXはリスクが非常に大きく、堅実な資産形成には不向きといえる。お金を増やすなら投資信託や株式を中心にしたいね。

リスク許容度……資産運用する際に投資家が許容できるリスクの度合い。「長期間運用できる」「金融知識が豊富」「手持ち資金が多い」「年齢が若い」といった場合はリスク許容度も高いといえる。

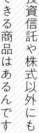

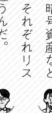

知ること 01 リスク・リターンの意味

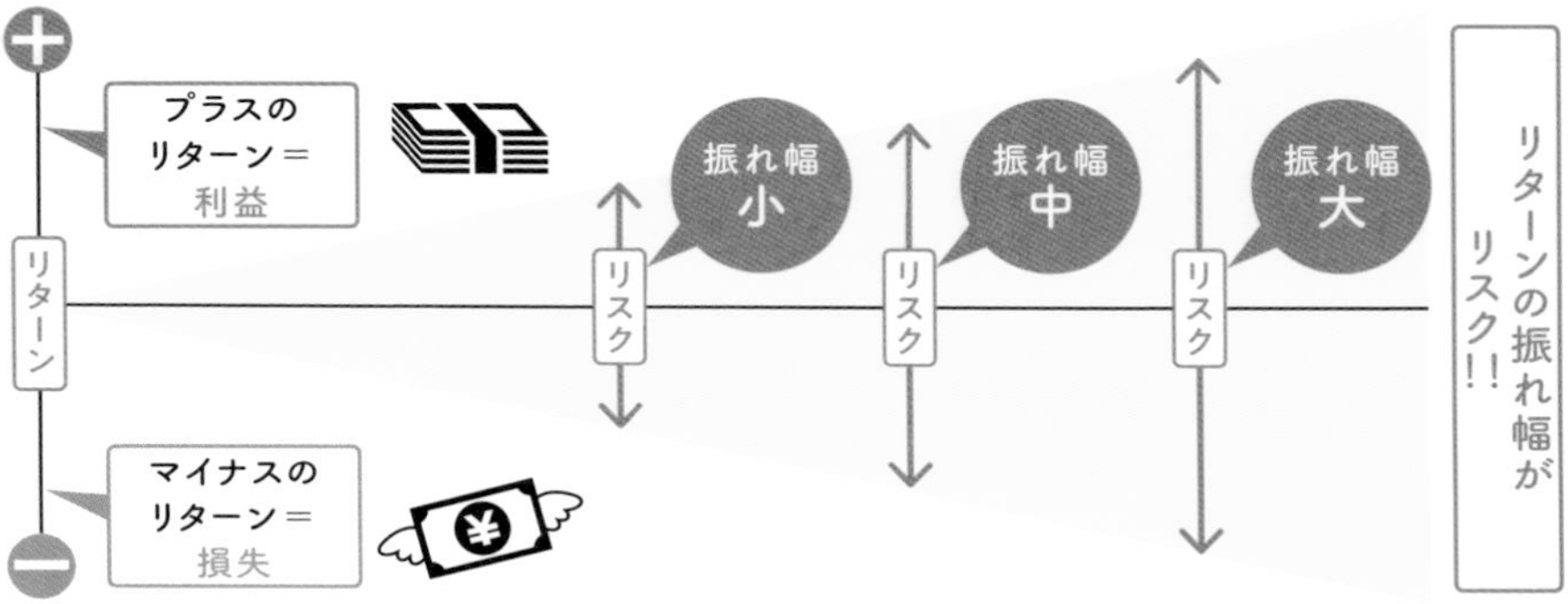

リスクは損失を被る可能性だけではなく、期待できる利益までも含みます。「ハイリスク」は想定される利益も損失も大きい状態、「ローリスク」は損失が少ない分、利益も小さい状態です。

知ること 02 商品ごとにリスク・リターンは異なる

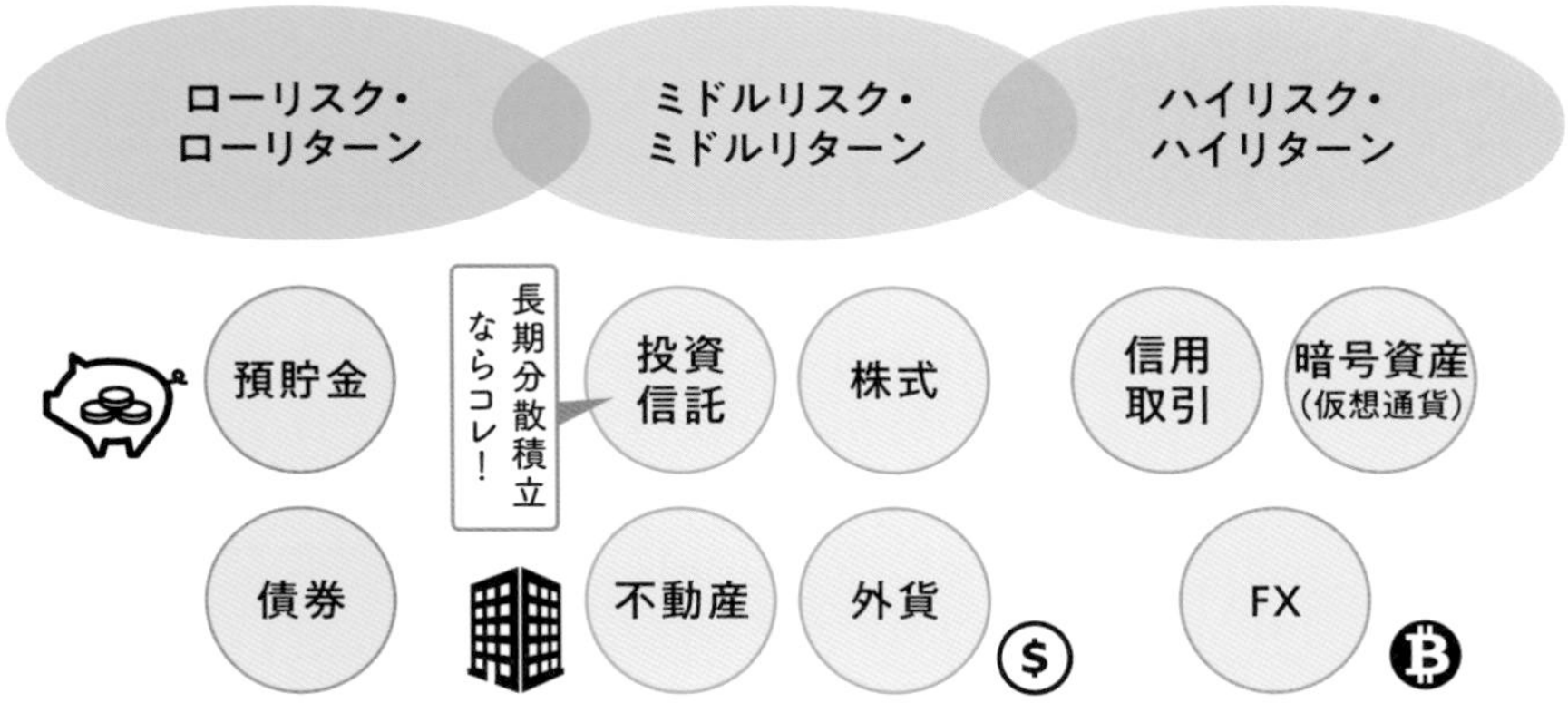

金融商品の主な種類は上記のとおり。それぞれの特徴に応じて「ローリスク・ローリターン」「ミドルリスク・ミドルリターン」「ハイリスク・ハイリターン」に区分できます。

それぞれの詳細は100ページから解説!!

「投資信託」とは……投資家から集めたお金をファンドマネージャーと呼ばれる運用の専門家が運用する金融商品。投資信託商品を選んだあとはプロにお任せするため、投資初心者でも資産運用が可能。

知ること 03
ローリスク・ローリターンの商品

まずはこれだけでOK
預貯金

収益性	⯪☆☆	手数料の安さ	★★★
始めやすさ	★★★	運用しやすさ	★★★

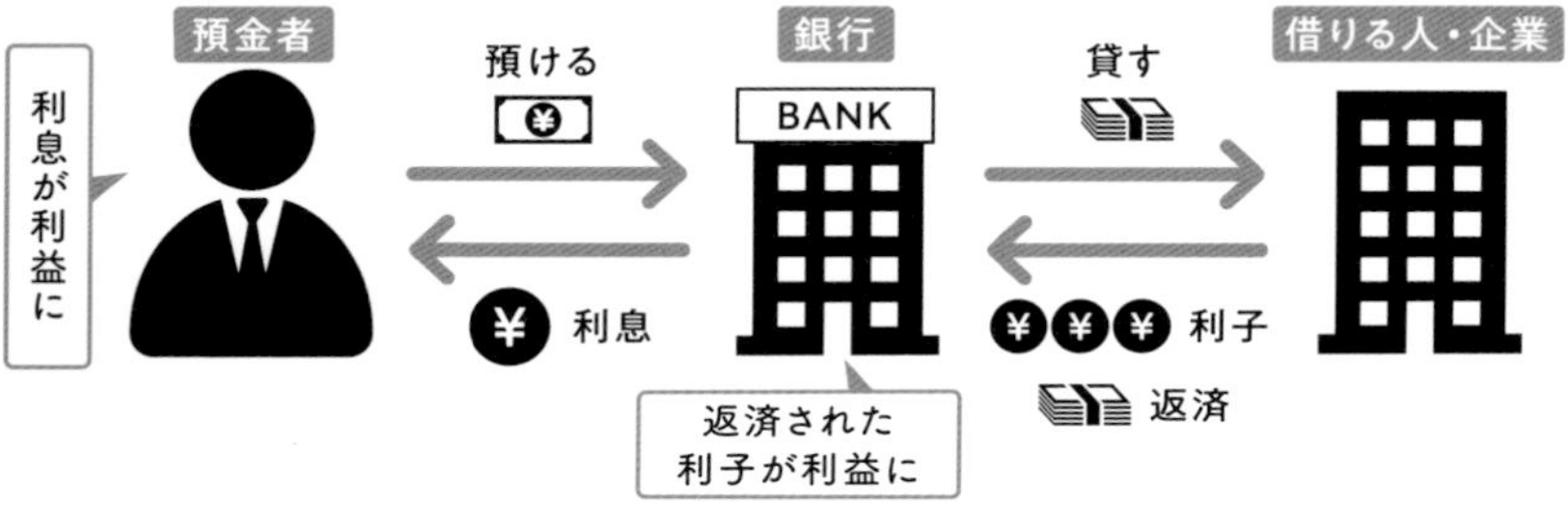

◎ メリット
- 1000万円まで元本保証
- すぐに引き出せる

✕ デメリット
- 利息がほとんどない
- インフレに弱い

預貯金は元本割れの心配がないのが特徴。ただし、日本は金利が低く、収益はほとんど見込めません。

国や企業にお金を貸す
債券

収益性	★☆☆	手数料の安さ	★★★
始めやすさ	★★☆	運用しやすさ	★★☆

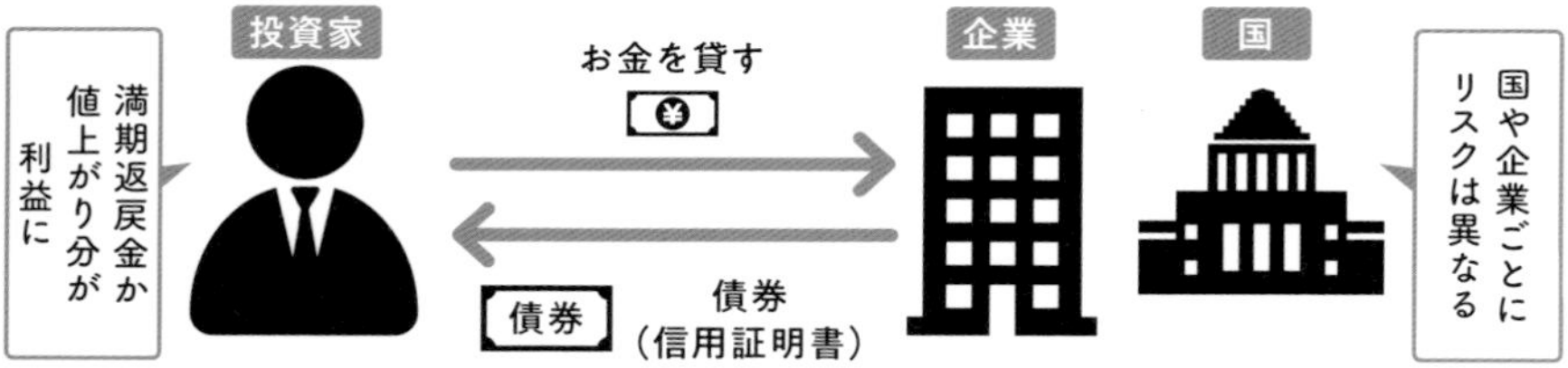

◎ メリット
- 預貯金より高収益
- 満期で元本が戻る

✕ デメリット
- 満期前に売ると損失の恐れも
- 利上げ局面では値下がりする

企業や国などに貸したお金を受け取れる有価証券。債券は貸付であり、期日になるとお金が返ってきます。

債券価格……債券は企業や国から買うだけでなく、投資家同士で売買もできる。債券が市場で取引される際の価格を債券価格と呼び、一般的に市場金利が上がると価格は下がり、金利が下がると値上がりする。

知ること 04 ミドルリスク・ミドルリターンの商品①

中級者向け投資商品

株式

収益性	★★½	手数料の安さ	★★☆
始めやすさ	★★☆	運用しやすさ	★★½

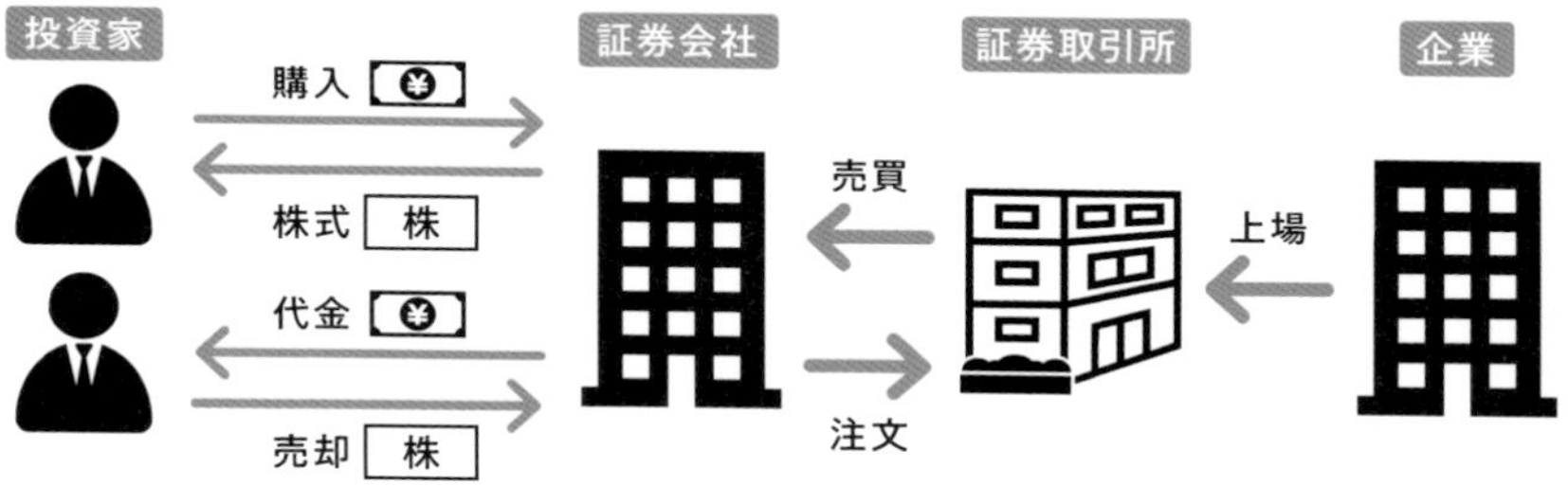

◎メリット
- 比較的期待リターンが高い
- 優待品がもらえる場合も

✕デメリット
- 業績次第では配当金なし
- 値動きが債券より大きい

投資家が会社のオーナーになるもの。配当金や優待品などが期待できますが、値動きも比較的大きいです。

初めての投資はコレ!

投資信託

長期投資向け

収益性	★★☆	手数料の安さ	★★½
始めやすさ	★★½	運用しやすさ	★★½

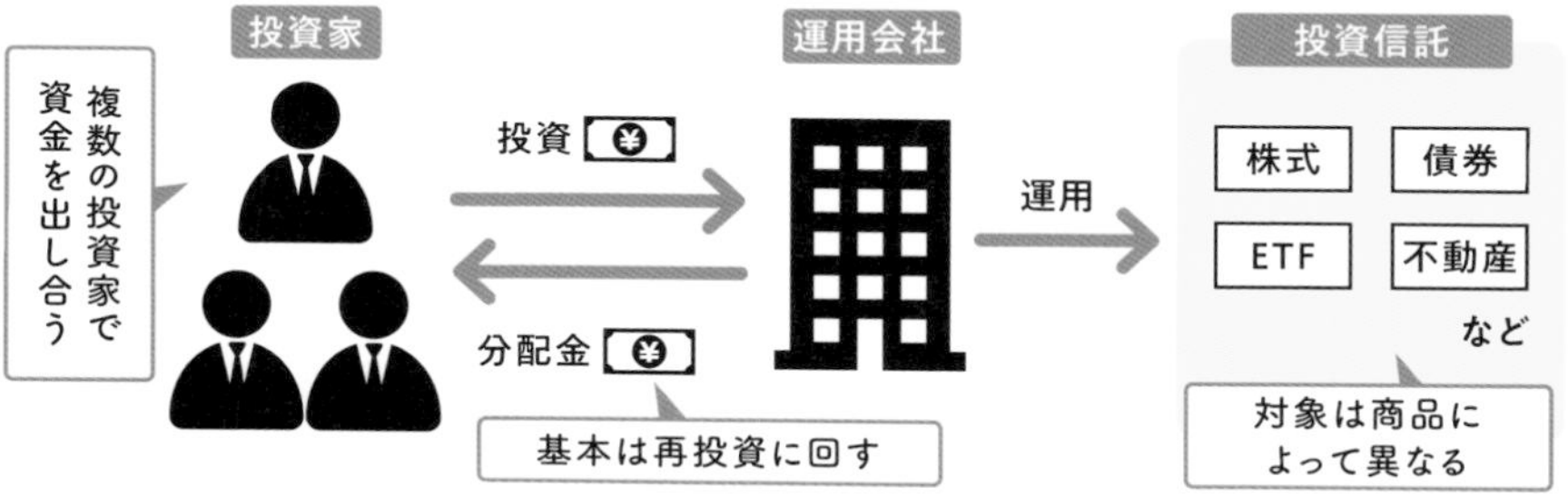

◎メリット
- 運用をプロに任せられる
- つみたてNISAで投資可

✕デメリット
- 商品によってはコストが高い
- 株式よりは期待リターンが低い

投資家からお金を集め、複数の資産に投資する金融商品。運用はプロに任せることができます。

(インカムゲイン……資産の保有中に安定的・継続的に得られる資産のこと。不動産の賃料収入のほか、株式の配当や投資信託の分配金などが該当する。なお、売却時の値上がり益などは「キャピタルゲイン」と呼ぶ。)

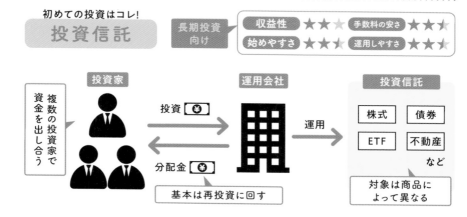

知ること **05**

ミドルリスク・ミドルリターンの商品②

円安が進めば利益に!

外貨預金

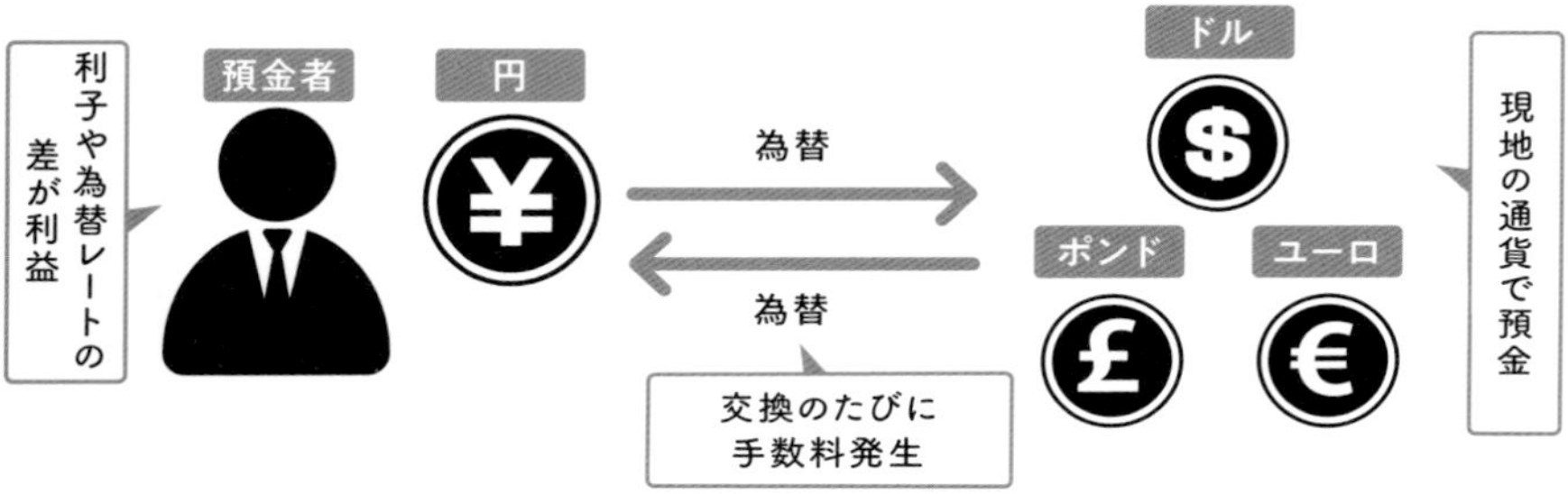

◎メリット

- 円預金よりも高金利
- 為替差益が得られる

×デメリット

- 為替手数料がかかる
- 預金だが元本保証はされない

日本円を外貨に交換して預金する金融商品。出金時の為替相場によっては大きな利益も期待できます。

賃料収入がメイン

不動産

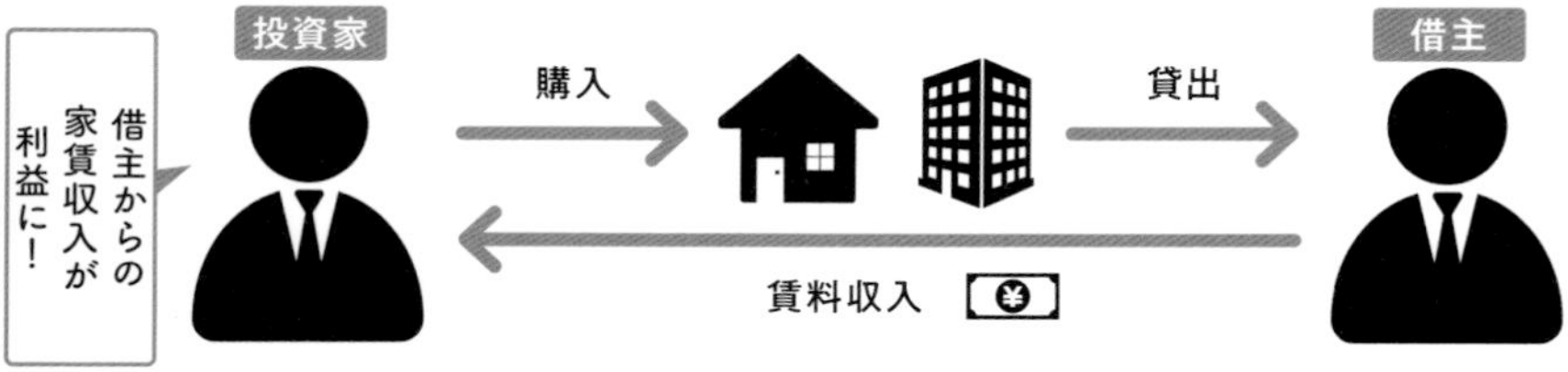

◎メリット

- 安定収入が期待できる
- 融資も利用可能

×デメリット

- 所得・保有コストが比較的高い
- 価格が不動産相場に左右される
- 空室ができると収入が減る

不動産はコストが高く、流動性が低いというデメリットがありますが、安定した賃料収入が見込めます。

「為替レート」とは……外国為替市場において、異なる通貨が交換される際の交換比率。レートは市場の需要・供給バランスによって決まる。通貨の交換時には一定の手数料がかかるため、それを含めた利回り計算が必要。

知ること 06 ハイリスク・ハイリターンの商品

元本より大きな額を運用
信用取引

収益性	★★½	手数料の安さ	★☆☆
始めやすさ	★½☆	運用しやすさ	½☆☆

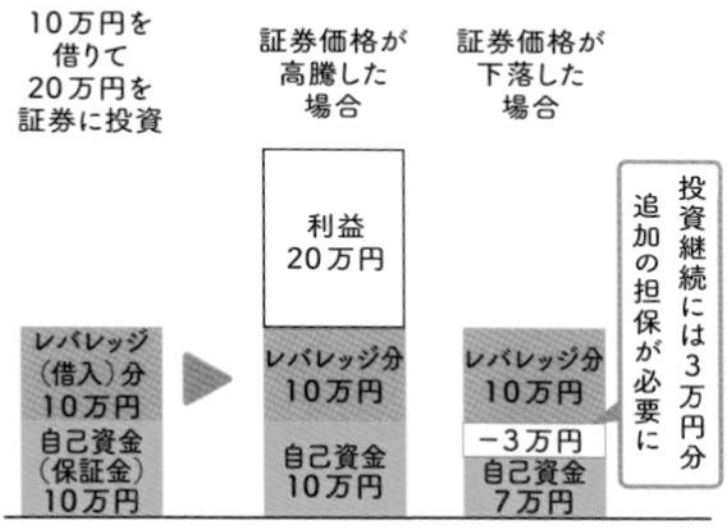

メリット
- 大きく運用できる
- 売りから注文できる

デメリット
- 自己資金以上の負債を背負う恐れも

保証金を証券会社に預けてお金を借り、証券の売買をします。運用額を増やせますが、証券価格の下落時は追加の担保も必要に。

為替次第では大きなリスクも
FX（外国為替証拠金取引）

収益性	★★½	手数料の安さ	★☆☆
始めやすさ	★½☆	運用しやすさ	½☆☆

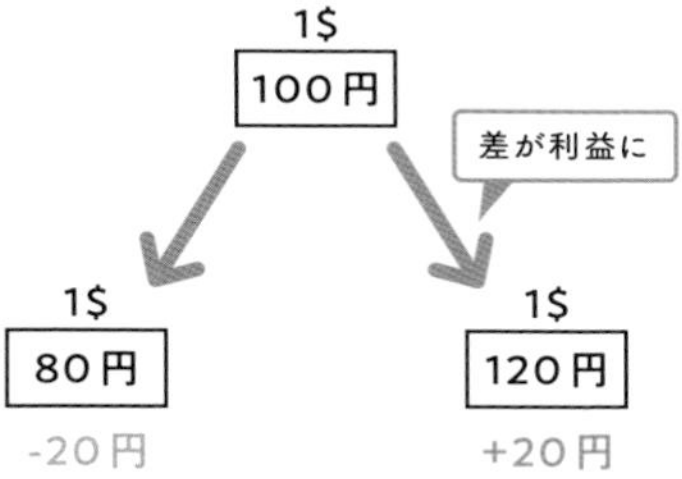

メリット
- 少額から始められる
- 下落局面でも利益が狙える

デメリット
- 値動きが激しい
- 短期間で大きな損失が出る恐れも

FXは通貨交換で差益を狙う投資法です。外貨預金と異なり、レバレッジ取引ができますが、投資額以上の損失が生じるリスクも。

値動きが大きな新しい投資先
暗号資産（仮想通貨）

収益性	★★½	手数料の安さ	½☆☆
始めやすさ	★☆☆	運用しやすさ	½☆☆

■ビットコインの価格推移

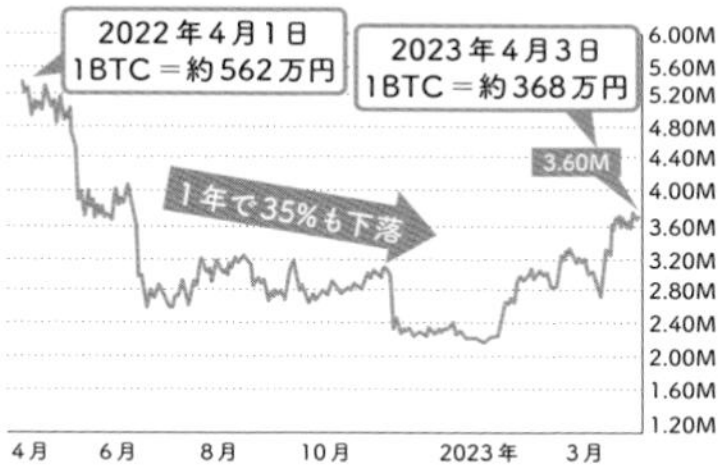

メリット
- 24時間取引可能
- 商品の売買にも使える

デメリット
- 価格変動が大きい
- 利益に対する課税が大きい

暗号資産はデジタルマネーの1種で、インターネット上で取引します。値動きが非常に激しく、価値が突然ゼロになるリスクもあります。

「レバレッジ」とは……てこの原理を意味するが、金融業界では借入を利用して、自己資金よりも大きな金額で取引することを指す。大きなリターンを狙える反面、リスクも大きくなるため、利用には注意が必要。

「元本確保型」のデメリットに注意

金融商品は元本が確保されているタイプとされていないタイプの２つに大別できます。元本確保型は運用で資産が減らないため安心ですが、デメリットもあります。

金融商品は「元本確保型」と「元本確保型以外」の2種類に大きく分類できるよ。

これまでのお話だと、預貯金が元本確保型ですよね。

さすが、しっかり覚えているね！ **元本確保型は自分が投資した金額が保障されていて、運用によって資産がマイナスになる恐れはないんだ。** その他の商品は運用による収益次第で元本を上回ったり下回ったりするよ。当面の生活費や子どもの学費など、減って困るお金は元本確保型で用意するのも手だね。

運用によってマイナスにならないとはいえ、絶対に損しないわけじゃないですよね？

それが元本確保型の注意点。例えば積立時や出金時に収益以上の手数料がかかると赤字になってしまうんだ。

ATMも手数料がかかりますよね。気をつけないと。

もう1つ。42ページでも説明したように、インフレ下で物価が高騰すると、同じ金額を出しても買える量が少なくなったり、買えなくなったりするよね。利回りの低い預貯金だけだと、実質的に資産が減ってしまう恐れがある。**増やすという観点では、元本確保型はあまりおすすめできないよ。**

生活防衛費は元本確保型で、増やすのは投資で、ですね。

預金保険制度……万が一金融機関が破綻した際に、預金者の資産を保護する制度。当座預金や利息のつかない普通預金は全額が、定期預金や利息のつく普通預金は1金融機関につき1000万円まで保護される。

知ること 01 元本確保型商品の特徴

元本確保型

＝原則、元本（預けたお金）が保証される金融商品

例：保険・定期預金

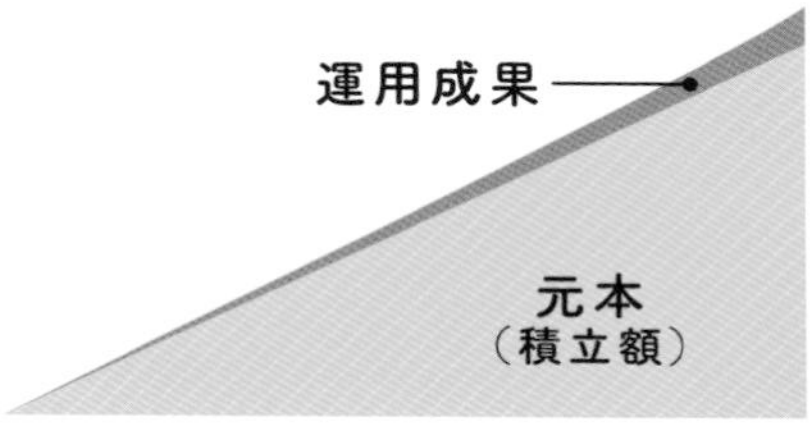

◎ メリット
●元本が減ってしまうリスクがない

✕ デメリット
●利益が少なく資産を増やす目的には不向き

元本確保型以外

＝運用による収益次第で元本を上回ったり下回ったりする

例：投資信託・株式

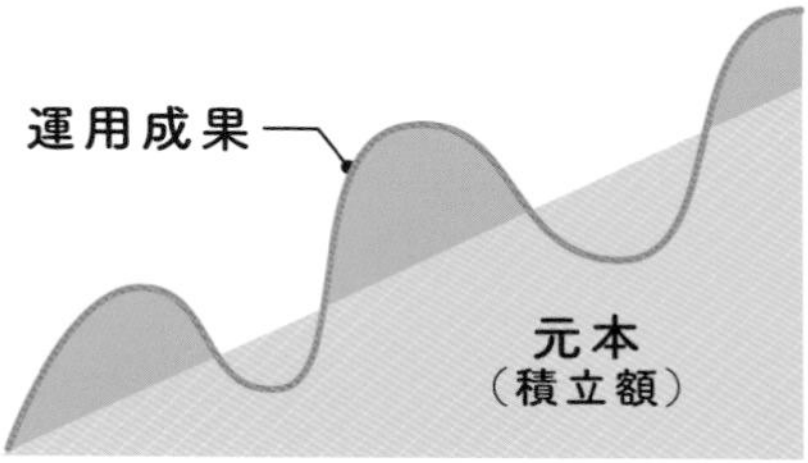

◎ メリット
●資産を大きく増やせる可能性がある

✕ デメリット
●値動きによっては元本を下回る場合も

元本確保型の代表例は保険商品や定期預金など。投資信託や株式などその他の金融商品は比較的大きな運用成果が期待できる分、元本割れのリスクがあります。

知ること 02 実質的には資産が減る場合も

手数料割れリスク

運用などの手数料 ＞ 利子

手数料分の赤字に

インフレリスク

物価の上昇 ＞ 利子

購買力の低下

利回りが低い元本確保型商品は、手数料や物価上昇による負担が利子を上回り、実質的な資産額が減ってしまう可能性も。資産のすべてを元本確保型にするのは避けたいところです。

（満期保険金・解約返戻金……貯蓄型の保険では、契約が満期を迎えると満期保険金が、保険期間中に途中解約すると解約返戻金が支払われることがある。契約期間が短すぎると、解約返戻金も少なくなる。）

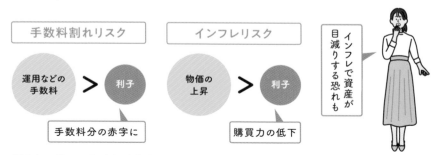

STEP
5-6
投資をしよう

非課税のつみたてNISA・iDeCoを活用しよう

投資の話題でよく耳にする「つみたてNISA」と「iDeCo」。この2つは投資の利益に税金がかからなくなる制度です。具体的なメリットを見ていきましょう。

「投資を始めるならつみたてNISAやiDeCoで！」とよく聞きますけど、そもそもどういうものなんですか？

一言で説明すると**投資の利益に税金がかからない制度**だよ。普通に投資した場合、実は利益には約20％の税金がかかる。例えば運用によって100万円の利益が出ていたとしても、そのうち20万円ほどは納税する必要があるんだ。

せっかく利益を出したのに、引かれちゃうんですね……。

ところが、つみたてNISAやiDeCoを利用した投資で得た利益は課税対象にならない。**100万円の利益が丸ごと手取りになるんだ。**

手取りが増えるんですね！ だからみんなやっていたのか。

いいところはそれだけじゃないよ。つみたてNISAは金融庁が対象商品を選んでいるから初心者でも安心して投資できるし、iDeCoには所得税や住民税を抑えられるメリットもある。

どちらから始めればいいか、迷っちゃいます。

最終的には両方の制度をフル活用するのが理想だけど、**初心者のうちはまず、つみたてNISAから始めるのがおすすめ。**商品が厳選されているから選びやすいし、必要なときにいつでも引き出せるからね。

金融所得課税……金融商品で得た利益にかかる税金。所得税などと異なり、税率は一律20.315％（所得税＋復興特別所得税15.315％、住民税5％）。なお、暗号資産の利益は雑所得となり、課税区分が異なる。

知ること 01 どうしてNISA・iDeCoなの？

■一般口座の場合

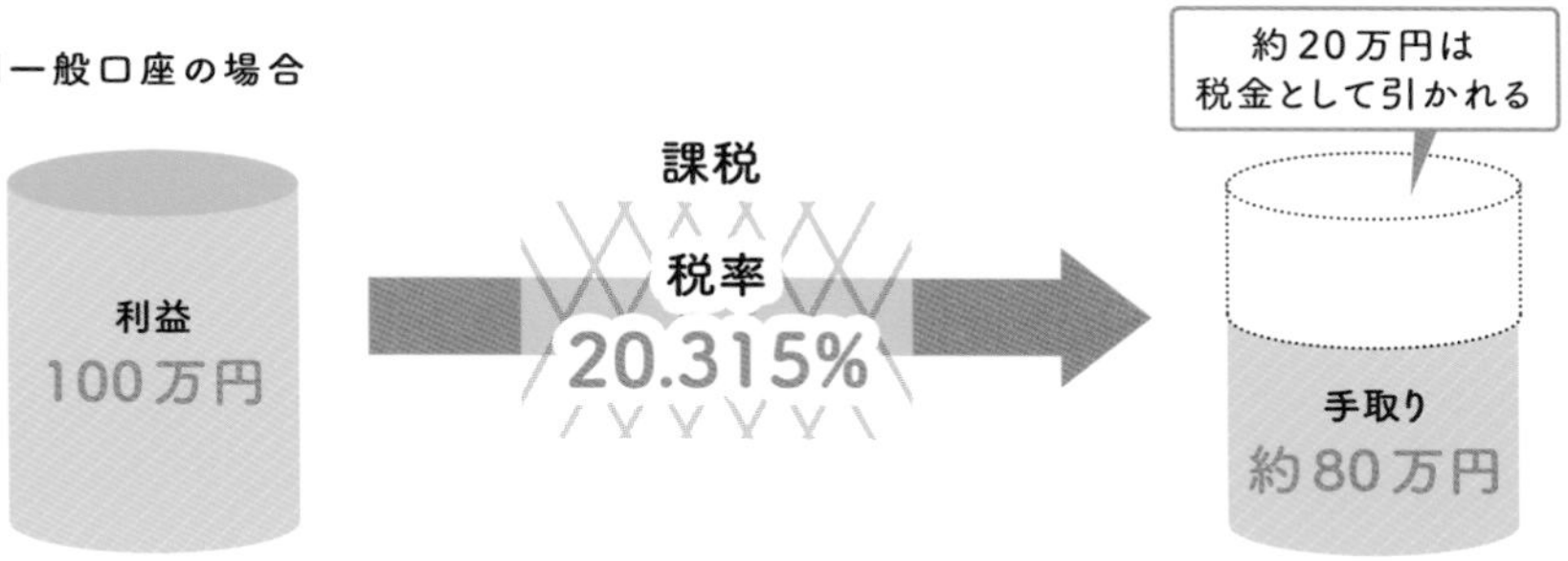

■つみたてNISA・iDeCo

値上がり益や分配金、配当金には通常20.315%の税金がかかります。しかし、つみたてNISAやiDeCoで投資して得た利益は非課税に。丸ごと手元に入ります。

知ること 02 つみたてNISA・iDeCoの特徴は？

つみたてNISA

- いつでも引き出せる
- 金融庁厳選の商品から投資できる

iDeCo

- 60歳までの出金制限で貯蓄が苦手でも安心
- 所得税や住民税を抑えられる

まずはつみたてNISAから始めてみよう！

つみたてNISAはいつでも引き出し可能で、商品は金融庁が厳選したものに限られます。iDeCoは60歳まで原則出金ができませんが、貯蓄が苦手な人でも続けやすく、さらには毎年の所得税や住民税も抑えられます。

（「金融庁」とは……国内の金融システムを安定させ、預金者や保険契約者、投資家を保護する役割の行政機関。金融制度の整備や金融機関の検査、監督を通じて、経済の持続的成長や国民の生活の向上を目指す。）

STEP 5-7

投資をしよう

ひと目でわかる つみたてNISAと iDeCoの違い

つみたてNISAとiDeCoを使いこなすには、両方の違いをしっかり理解することが大切。投資対象や毎月の投資可能額、税金面でのメリットなどを確認しましょう。

将来フル活用するためにも、両方の制度についてもっと詳しく知っておきたいです！

それじゃあ、左ページの図で2つの違いを見ていこう。まずは投資先が異なる。**つみたてNISAは金融庁が厳選した投資信託やETF、iDeCoは金融機関が設定した投資信託や定期預金、保険商品に投資**する。

投資額も違いますね。

つみたてNISAは一律で月3万3333円まで。iDeCoは自営業や会社員などの働き方や、企業年金の加入状態で異なるよ。詳しくは112ページでも解説するね。あと、iDeCoは非課税期間が75歳までと、年齢で決まっているんだ。

税金面だとiDeCoのメリットが大きいけれど、出金は60歳までできないんですね。

あと、NISA自体は手数料無料だけど、**iDeCoは加入時や運用中、出金時にそれぞれ手数料がかかる**点にも注意。投資額も最低5000円からになっているよ。

似た制度だと思っていましたが、それぞれ特徴があるんですね。

そうだね。例えば**つみたてNISAは住宅購入や教育費といった近い将来の出費に、60歳まで引き出せないiDeCoは老後に向けた資産形成に**というような使い分けができるね。

「ETF」とは……上場投資信託のこと。一般の投資信託と異なり、株式のように証券取引所を通じて売買を行う。また、リアルタイムで値動きするのも特徴。投資信託よりも保有期間中のコストが低い傾向にある。

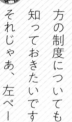

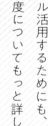

知ること つみたてNISAとiDeCoの比較

つみたてNISA		iDeCo
投資信託・ETF	何に投資する？	投資信託・定期預金・保険商品
月3万3333円まで（年間40万円まで） ※2024年1月から年間最大360万円までに拡大	毎月いくらまで投資できる？	月1.2万〜6.8万円（働き方によって異なる） ※2024年12月からは月2.0〜6.8万円に変更予定
投資年から20年間 ※2024年1月から無期限化	いつまで非課税で運用できる？	75歳まで（拠出は65歳まで）
利益が非課税	税金面でのメリットは？	利益が非課税、拠出・受取時も税制優遇
いつでも	いつ出金できる？	原則60歳まで不可
NISA自体は無料（信託報酬などはかかる）	手数料はいくらかかる？	加入時：2829円 運用中：171円〜/月 出金時：440円/回 ※運用している場合
住宅購入や学費など近い将来の出費に	どんな使い方ができる？	老後に向けた資産形成に
最低100円から	いくらから投資できる？	最低5000円から

※つみたてNISAの情報は2023年4月15日時点のもの。2024年からは新しいNISAが開始予定

つみたてNISAは流動性が高く投資の選択肢も多いのが特徴です。一方iDeCoは税金面でのメリットが大きく貯蓄性もあるなど、2つの制度は性格が異なります。

「新しいNISA」とは……2024年から始まる新しいNISAでは、投資対象が異なる「つみたて投資枠」と「成長投資枠」を併用可能。つみたて投資枠の対象はつみたてNISAと変わらないため、同じような運用をしたい。

つみたてNISAの3大メリット

両制度の基本がわかったところで、具体的なメリットについて見ていきましょう。ここではつみたてNISAの主な3つのメリットについて解説します。

ここからは個別のメリットについて見ていくよ。**つみたてＮＩＳＡのメリットはなんといっても20年間非課税で運用できるところ。**この期間中ならいつ引き出しても税金は０円だよ。

引き出すタイミングを自由に選べるところも使いやすそう。

ライフステージには結婚や住宅購入、教育資金などお金が必要になるタイミングがたくさん訪れる。そのとき、**柔軟に資産を動かせるのもつみたてＮＩＳＡならではのメリット**。ただし、保有中の投資信託を売却しても、その分をつみたてＮＩＳＡで再投資はできないから注意してね。年間40万円の投資上限が復活するわけではないから、引き出しは計画的に。

ＳＴＥＰ２で学んだマネープランに沿って考えるんですね。

そのとおり。最後に、**厳選された優良商品から投資先を選べる**点。おさらいになるけど、つみたてＮＩＳＡの対象商品は金融庁が選定しているんだ。採用基準は「販売手数料ゼロ」「信託報酬が一定水準以下」「分配頻度が毎月でないこと」など。

どういう理由なんですか？

長期・積立・分散投資向きという観点からチェックされているよ。慣れないうちは商品選びも大変だから、ある程度数が絞られているのは助かるね。

「販売手数料」とは……投資信託を購入する際に販売会社に支払う手数料。同一投資信託でも、販売会社によって異なる場合がある。近年では販売手数料が無料の投資信託（ノーロード・ファンド）も増えている。

メリット 01 長期間非課税で投資できる

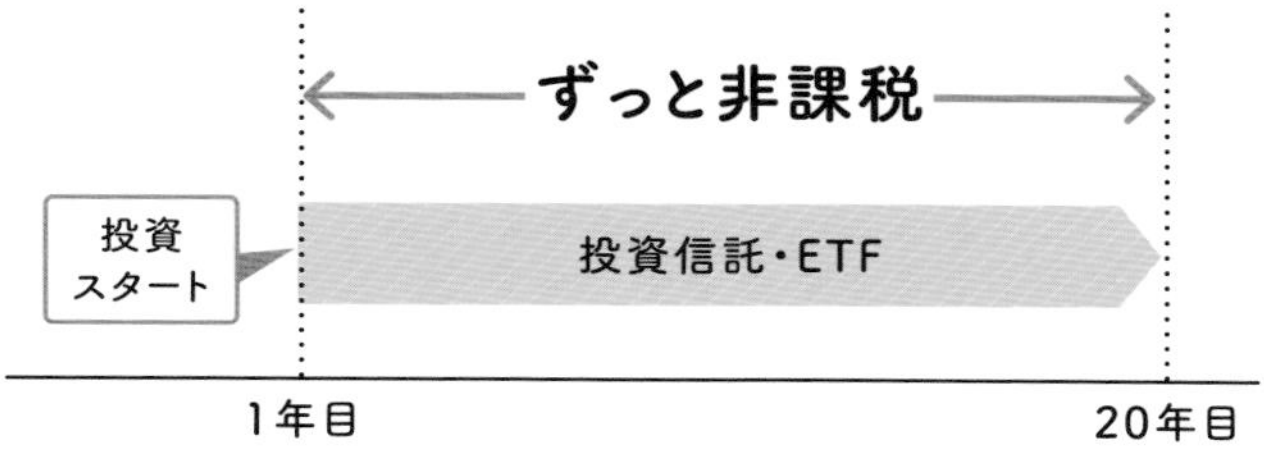

※2024年からは新しいNISAが始まり、非課税期間は無期限になる予定

つみたてNISAは運用開始年から20年間は利益が非課税になります。例えば2023年に始めた場合、2042年いっぱいまでは税金がかかりません。

メリット 02 必要なときに引き出せる

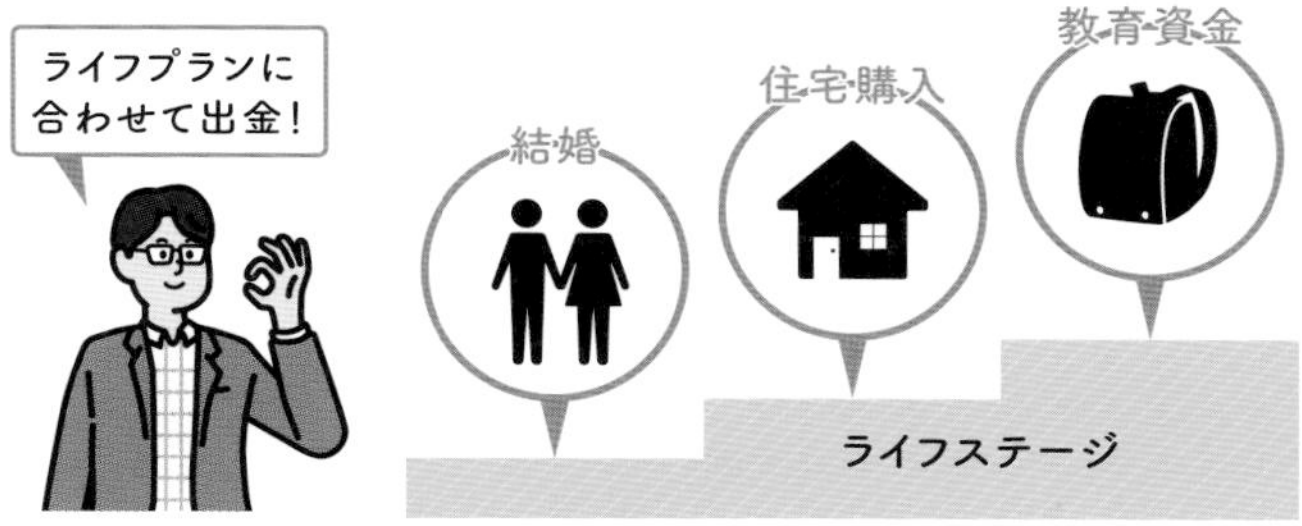

つみたてNISAは期間中、自由に引き出しが可能。iDeCoと異なり、老後を待たずにいつでも出金できるため、突然の介護などにも備えられます。

メリット 03 厳選商品から選べる

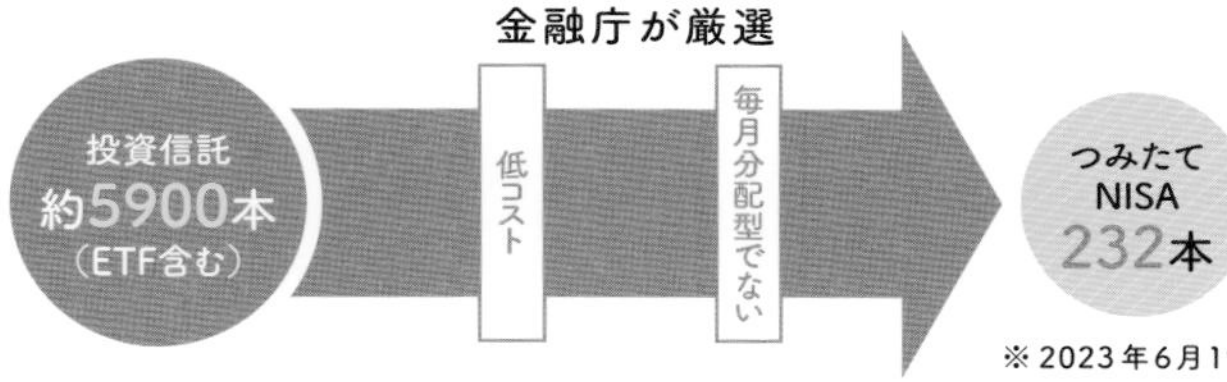

※2023年6月19日時点

つみたてNISAの対象商品は「長期」「積立」「分散」投資に適しているという観点から、金融庁が厳選した投資信託・ETFに限られており、初心者でも選びやすくなっています。

「信託報酬」とは……投資信託の保有中、継続的に発生するコスト。主に投資信託の運用や管理の費用として使われる。販売手数料と違い、どこの販売会社で購入しても、同じ商品であれば信託報酬も同じ。

iDeCoの3大メリット

iDeCoには手厚い税制優遇や働き方によって最大年間81万6000円まで拠出できる投資枠、老後を見据えた仕組みといったメリットがあります。詳しく見ていきましょう。

iDeCoにはどんなメリットがあるんですか?

最大のメリットは節税効果の高さといえる。つみたてNISA同様、運用で得た利益が非課税になるのはもちろん、「積立時」と「受取時」にも税制優遇が設けられているんだ。

手厚く受けられるんですね!

まず、積立時の優遇について。iDeCoの掛金は全額所得控除、つまり所得額から差し引くことができるんだ。所得税や住民税は所得をもとに算出するから、**掛金の分、毎年の税負担が抑えられるんだよ。**また、iDeCoは年金形式と一時金形式のどちらか、あるいは両方を選んで受け取るんだけど、いずれも一定額まで非課税になるね。

投資で資産形成しつつ、毎年の税金も抑えられるなんてダブルでお金が増えそう。

次に、働き方によって投資可能額が大きく変わる点。**企業年金がない会社員の場合は、年間27万6000円まで投資できる**んだ。厚生年金がない自営業の人は、会社員の3倍近くまで投資できるよ。

80万円以上投資できるんですね。

最後に、iDeCoは65歳まで積立が可能。もし定年後も働くから受取は遅らせたいという場合は、**最大で75歳まで運用を続けることもできるよ。**

退職所得控除……退職金の課税対象額の計算では、まず勤続年数に応じて一定額が所得から差し引かれ、さらに控除後の金額を2分の1にして算出する。iDeCoを一時金方式で受け取るときに適用できる。

メリット 01　積立・運用・受取時に節税効果

積立時

積み立てた金額を所得からマイナスできる

▼

所得税・住民税を節税できる！

運用時

運用益にかかる税金がゼロ

▼

利益がまるっと手取りに！

受取時

「公的年金等控除」「退職所得控除」の対象

▼

一定額まで非課税で受け取れる！

iDeCoで投資した金額は全額所得控除でき、運用中の利益は非課税。さらに受取時も一定額まで非課税になるなど、最初から最後までずっと節税効果の恩恵が受けられます。

メリット 02　会社員なら最大年27.6万円投資可能

会社員・公務員の約3倍積立できる！

自営業・フリーランス	会社員			公務員	専業主ふ
	企業年金なし	企業型確定拠出年金のみあり	確定給付型の企業年金あり		
年間81万6000円	年間27万6000円	年間24万円	年間14万4000円	年間14万4000円	年間27万6000円

自営業の人は自分で老後に備えられるよう投資可能額が広く設定されています。企業年金に加入している会社員や公務員は上限が低いです。

メリット 03　65歳までずっと積み立てられる！

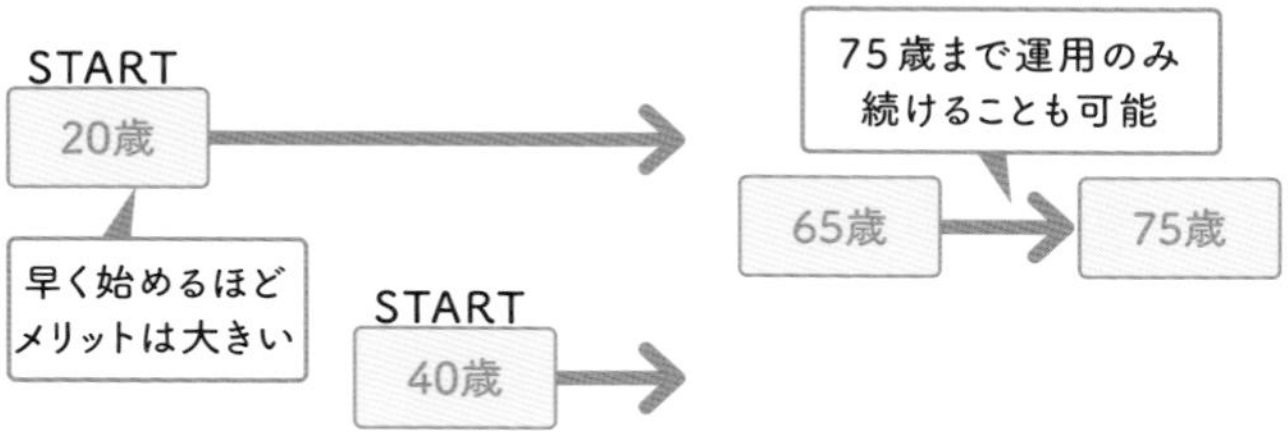

iDeCoは何歳で始めても積立は65歳、運用は75歳まで続けられます。始めるのが早ければ早いほど、それだけ節税メリットも大きくなるのです。

公的年金等控除……国民年金や厚生年金の受給額には税金がかかるものの、年齢や受給額に応じて一定額が控除される。iDeCoを年金方式で受け取る場合はこの公的年金等控除の対象になる。

口座開設はネット証券一択！

NISAやiDeCoのメリットがわかったら、実際に口座を開設してみましょう。ネット証券は店舗を持たない証券会社ですが、手数料が安く利便性も高いのでおすすめです。

どうやったらNISAやiDeCoが始められますか？

まずは、取引用の口座を開設しよう。証券会社や銀行、郵便局などで開設できるけれど、店舗を持たない**ネット証券がおすすめだよ。窓口がない代わりに手数料が安いし、スマホから手続きできるのもメリット**だね。

店舗がないと、相談したり説明を受けたりできないですよね。

チャットボットに質問して回答を得られるし、カスタマーセンターに問い合わせればオペレーターが対応してくれるから、不安に感じる必要はないんだ。

それなら安心ですね！ でも、ネット証券といっても、どこの会社がいいのか……。

迷ったら楽天証券かSBI証券にしよう。**楽天証券の場合、楽天カード払いで積み立てればショッピングでも使える楽天ポイントが貯まるし、貯めたポイントで積立投資もできる**んだ。

ネット通販で有名なあの楽天ですか？ 買い物でよく利用するので、ポイントが利用できるのはうれしいです！

ちなみに、SBI証券でもポイント投資はできるよ。使えるのはTポイントやPontaポイントなど。三井住友カード払いなら、Vポイントが貯まるよ。ただ、**投資用のアプリは楽天証券のほうが使い**やすい印象かな。

「証券会社」とは……株式や投資信託、債券などの有価証券の売買を仲介する会社のこと。「有価証券の発行者（株式会社等）」と投資家、または投資家同士を結ぶ役割を果たす。

知ること 01　ネットのほうが店舗より手数料が安い

ネット証券　VS　店舗証券

	ネット証券	店舗証券
手数料	◎ 人件費がかかっていない分、コストが低い	△ 店舗で注文すると数千円の手数料がかかる場合も
利便性	◎ 店舗より手続き可能時間が長く、場所も選ばない	○ 窓口の営業時間に訪れないと利用できない
サポート	○ チャットボットやカスタマーセンターでの対応がある	◎ 担当者と直接話せて、その場で不安が解消できる

ネット証券は手数料の安さや口座開設までの早さが魅力。つみたてNISAの最低投資額で見ても、ネットの場合はほとんど100円からですが、店舗証券の多くは1000円以上です。

知ること 02　証券会社は楽天証券を選ぶ

証券会社	特徴
楽天証券	楽天ポイントを貯めたり、積立代金として使用したりできる
SBI証券	積立管理ができるスマートフォンアプリでこまめにチェック可能
マネックス証券	節税効果が算出されるシミュレーションが利用できる
auカブコム証券	NISA口座開設で通常の現物株式の取引手数料が最大5%割引

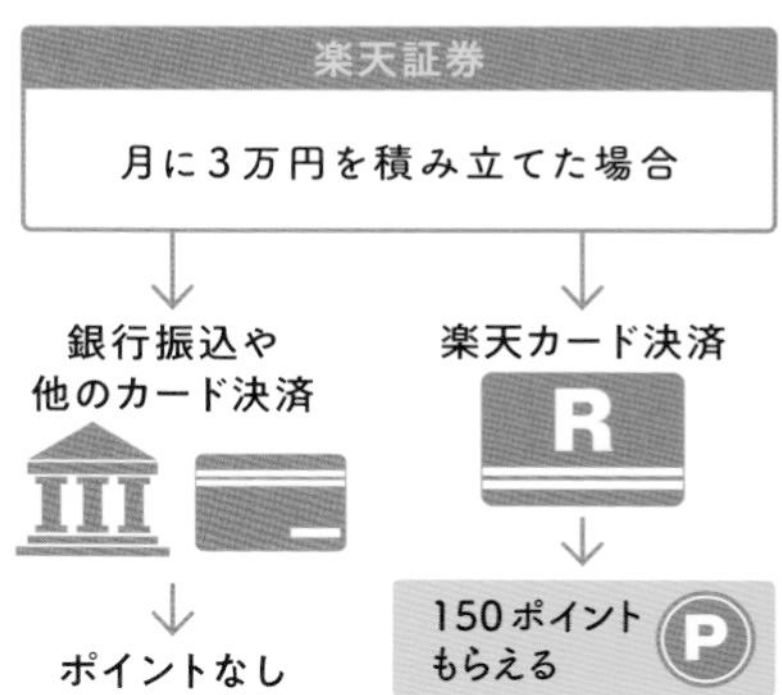

さまざまなネット証券がありますが、なかでも楽天証券は楽天カード決済で0.5%のポイントが貯まり、支払いにも利用できておすすめです。アプリの使いやすさもメリットの1つ。

「ネット証券」とは……インターネット上の操作だけで、出入金や取引、各種手続きを完結できる証券会社のこと。現在では店舗型の証券会社よりも主流で、多くの投資家に利用されている。

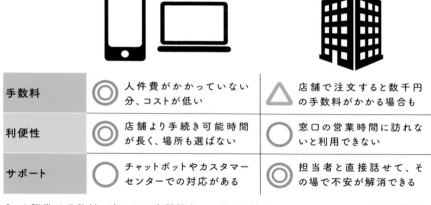

STEP 5-11
投資をしよう

つみたてNISAの口座を開設しよう

NISAを始めるには、証券会社の口座開設や本人確認書類のアップロードが必要になります。ここでは、大まかな流れを3ステップで解説します。

よーし、一歩踏み出してつみたてNISAを始めます！どこから申し込めばいいですか？

どこの金融機関で口座を開設するか決めたら、「金融機関名＋つみたてNISA」でスマホで検索してみよう。**「NISA口座を申込む」と書いてあるボタンがあるから、そこをタップすると手続きに進める**よ。

本人確認書類の選択画面になりました。運転免許証か個人番号カード（マイナンバーカード）を選ぶ画面になりました。

いずれにしても**マイナンバーを登録する必要はあるから、マイナンバーカードを選んだほうがあとがラクになる**よ。

カードと自分の顔をスマホのカメラで撮影するだけで本人確認ができるなんて簡単ですね！

そのあと口座選択画面になるけど、つみたてNISAを始めるにしても、**NISA用の口座とは別の口座も併せて開設する必要があるんだ**。使わないかもしれない口座だけど、とりあえず**「特定口座（源泉徴収あり）」を選んでおくのが無難**だよ。

登録が終わりました。思ったより短時間でできてびっくりです。

このあとは数日でログインIDが記載されたメールが届くから、金融機関のWebサイトにログインして初期設定をしよう。これも5分くらいで完了するよ。

「特定口座」とは……NISA口座とは違い、投資で得た利益に対して税金がかかる口座を「総合口座」といい、そのうち自分で損益の計算を行う口座を「一般口座」、証券会社が計算してくれる口座を「特定口座」という。

やること 3ステップで口座が開ける

ステップ1 金融機関で口座開設を申し込む

すぐ!

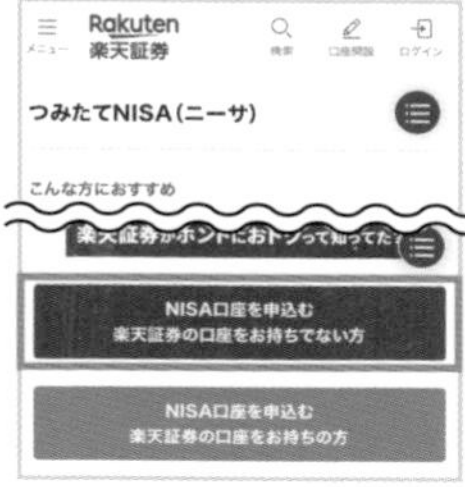

※金融機関によってページは異なります

つみたてNISAを提供している金融機関のホームページで口座の開設を申し込みましょう。本人確認書類の提出は、スマホからなら簡単に行えます。

ステップ2 利用する口座を選択する

3~4営業日

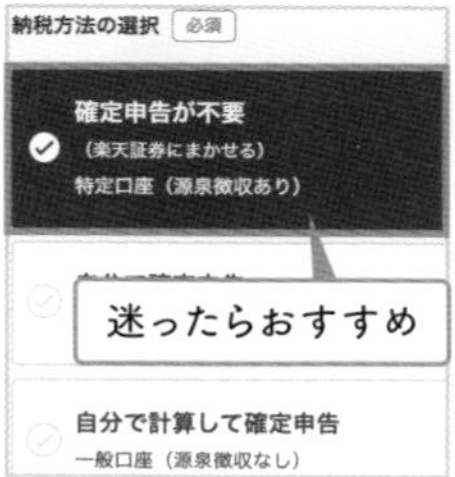

※金融機関によってページは異なります

加入者情報を入力します。課税口座は確定申告が不要な「特定口座(源泉徴収あり)」がおすすめです。非課税口座は「つみたてNISA口座」を選びましょう。

ステップ3 初期設定を完了させる

3~4週間

設定すること

1. マイナンバーの登録
2. 取引暗証番号の設定
3. 勤務先の登録　など

「口座開設完了とログインIDのお知らせ」というメールが来たら、ログインして初期設定をします。完了後はすぐに取引できます。

口座開設

登録したデータをもとに税務署が審査を行い、問題がなければNISA口座が正式に開設されます。審査には1~3日程度かかります。

「源泉徴収あり」とは……「特定口座」にはあらかじめ所得税と住民税の徴収または返還が行われる「源泉徴収あり」のものと、自ら確定申告をして納税する必要がある「源泉徴収なし」のものがある。

iDeCoの口座を開設しよう

会社員や公務員がiDeCoを申し込む場合、加入者の基本情報を入力したあと、勤務先に書類を書いてもらう必要があります。また、審査に1カ月半～2カ月程度かかります。

iDeCoを始める場合は、どうすればいいですか？

取り扱っている金融機関はいろいろあるけど、**つみたてNISAと同じ金融機関にしたほうが資産管理はラクだよ。**「金融機関名＋iDeCo」で検索して公式サイトにアクセスしよう。

申込ボタンがありました！あとは画面に従って個人情報を入力するだけですかね？

ただし、**会社員や公務員については、勤務先に加入資格の有無を確認してもらう必要があるよ。**

じゃあ、iDeCoに加入したいことを会社に伝えなきゃいけないんですね。

そうだね。勤務先で企業年金（38ページ）に加入している場合には、拠出できる掛金額も変わるから、確認しておこう。

提出すべき書類もありますか？

iDeCoの手続きを進めていくと「事業主の証明書」を提出する画面になるんだけど、これは勤務先に記入してもらう部分がある書類なんだ。

自分で記入する部分と、会社が記入する部分があるんですね。

勤務先に記入してもらった書類は、手続き画面でデータとしてアップロードするよ。そのあとiDeCoの運営主体である「国民年金基金連合会」による審査が1カ月半～2カ月程度で終わり、口座開設は完了だ。

「国民年金基金連合会」とは……国民年金法にもとづいて設立された法人で、iDeCoの運営主体として加入資格の確認や投資限度額の管理、掛金収納などの業務を行っている。

やること 2ステップで口座が開ける

ステップ1 金融機関で加入を申し込む

すぐ!

※金融機関によってページは異なります

入力すること

1. 職業区分
2. 氏名・性別・生年月日
3. 携帯電話番号
4. メールアドレス
5. 基礎年金番号

証券会社のWebサイトから、新規加入申込!

ステップ2 必要書類を記入・提出する

約1カ月半~2カ月

※金融機関によってページは異なります

事業主の証明書を勤務先に記入してもらい、メールで送られるURLにアップロード、掛金の金額などを入力します。

口座開設

国民年金基金連合会の審査を経て、晴れてiDeCoが利用できます。審査期間は1カ月半～2カ月程度をみておきましょう。

「事業主が記入する内容」とは……事業主の署名や、企業年金制度の加入状況、厚生年金適用事務所の住所などを記入する。掛金を「事業主払込」にした場合、給与から掛金が天引きされる。

選ぶ商品はコレ1本！「楽天・全世界株式インデックス」

リスクを分散しつつ、しっかりお金を増やしていくなら、全世界株式に投資する「インデックス型」の投資信託がおすすめ。複数の株式に投資できるので、この1本で十分です。

つみたてNISAやiDeCoではどんな商品が選べますか？

主に投資信託（101ページ）が中心で、なかでも**「資産・地域・運用方針」の違いでざっくり分けられるよ。**資産とは株式や債券、不動産などの投資対象のことで、含まれている資産の割合で商品の性質が変わるんだ。

どの資産が含まれている商品を選べばいいんでしょう？

お金を増やしたいなら、債券よりもリターンが狙える株式中心の商品が向いているね。

地域というのは？

投資対象の国や地域を指すよ。例えば、米国中心なら経済成長の恩恵を受けられるけど、1カ国だと分散効果は低くなるね。

いろいろな地域に投資したほうが、リスク分散になるんですね。

あとは、指数の動きと連動した運用を目指す「インデックス型」と、指数を上回る運用を目指す「アクティブ型」があるよ。

じゃあ、指数を上回る成果が出るほうがいいですよね？

いや、**アクティブ型は運用会社が工夫して運用するから、手数料が高くなるんだ。**運用成果も実はそう変わらないしね。まとめると、**全世界の株式に投資できるインデックス型の商品がおすすめ。**具体的な商品をあげるとすれば**「楽天・全世界株式インデックス・ファンド」**だね。

「指数」とは……基準になるものの意味で、投資では特定の証券取引所や銘柄群における株価の動きを示す。日本国内では日経平均株価やTOPIX、米国ではNYダウやS&P500が代表的な指数。

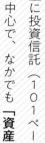

知ること 01 商品には「資産・地域・運用方針」の違いがある

資産

株式 債券
不動産

地域

日本 米国
全世界 先進国

運用方針

インデックス型

指数に連動した運用

アクティブ型

指数を上回る運用

―― 目指す運用
…… 指数の動き

投資信託のリスクリターンは、含まれる資産や地域、運用方針で変わります。株式でリターンを狙いつつ全世界への分散がおすすめ。

赤枠の商品は「全世界株式のインデックス型」になるね

知ること 02 全世界に分散投資できる商品が◎

メリット1

手数料が安い

指数の動きに連動した運用を目指すインデックス型の商品なので低コスト

メリット2

純資産総額が大きい

購入者が多く、投資信託の規模が大きいと途中で運用終了となるリスクが低い

メリット3

全世界の株式に分散

投資先が全世界に分散されているので、特定の地域の影響を受けにくい

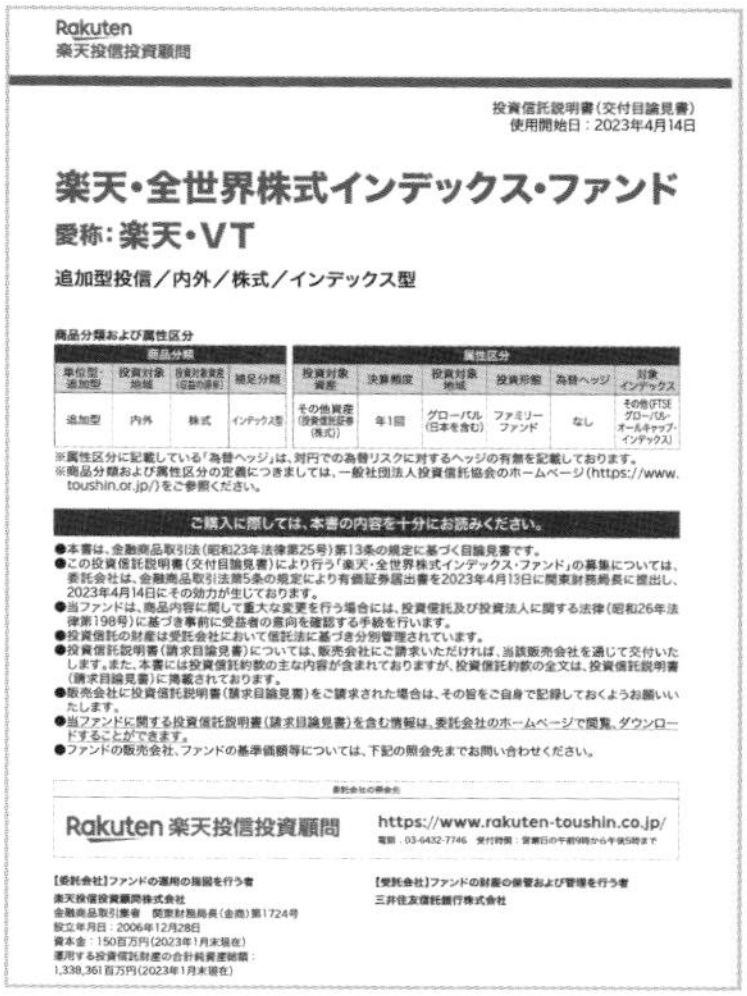

Rakuten
楽天投信投資顧問

投資信託説明書(交付目論見書)
使用開始日：2023年4月14日

楽天・全世界株式インデックス・ファンド
愛称：楽天・VT
追加型投信／内外／株式／インデックス型

商品分類および属性区分

商品分類				属性区分					
単位型・追加型	投資対象地域	投資対象資産(収益の源泉)	補足分類	投資対象資産	決算頻度	投資対象地域	投資形態	為替ヘッジ	対象インデックス
追加型	内外	株式	インデックス型	その他資産(投資信託証券(株式))	年1回	グローバル(日本を含む)	ファミリーファンド	なし	その他(FTSEグローバル・オールキャップ・インデックス)

※属性区分に記載している「為替ヘッジ」は、対円での為替リスクに対するヘッジの有無を記載しております。
※商品分類および属性区分の定義につきましては、一般社団法人投資信託協会のホームページ(https://www.toushin.or.jp/)をご参照ください。

ご購入に際しては、本書の内容を十分にお読みください。

●本書は、金融商品取引法(昭和23年法律第25号)第13条の規定に基づく目論見書です。
●この投資信託説明書(交付目論見書)により行う「楽天・全世界株式インデックス・ファンド」の募集については、委託会社は、金融商品取引法第5条の規定により有価証券届出書を2023年4月13日に関東財務局長に提出し、2023年4月14日にその効力が生じております。
●当ファンドは、商品内容に関して重大な変更を行う場合には、投資信託及び投資法人に関する法律(昭和26年法律第198号)に基づき事前に受益者の意向を確認する手続を行います。
●投資信託の財産は受託会社において信託法に基づき分別管理されています。
●投資信託説明書(請求目論見書)については、販売会社にご請求いただければ、当該販売会社を通じて交付いたします。また、本書には投資信託約款の主な内容が含まれておりますが、投資信託約款の全文は、投資信託説明書(請求目論見書)に掲載されております。
●販売会社に投資信託説明書(請求目論見書)をご請求された場合は、その旨をご自身で記録しておくようお願いいたします。
●当ファンドに関する投資信託説明書(請求目論見書)を含む情報は、委託会社のホームページで閲覧、ダウンロードすることができます。
●ファンドの販売会社、ファンドの基準価額等については、下記の照会先までお問い合わせください。

Rakuten 楽天投信投資顧問 https://www.rakuten-toushin.co.jp/

【委託会社】ファンドの運用の指図を行う者
楽天投信投資顧問株式会社
金融商品取引業者 関東財務局長(金商)第1724号
設立年月日：2006年12月28日
資本金：150百万円(2023年1月末現在)
運用する投資信託財産の合計純資産総額：
1,338,361百万円(2023年1月末現在)

【受託会社】ファンドの財産の保管および管理を行う者
三井住友信託銀行株式会社

「純資産総額」とは……投資信託に含まれている株式や債券などから負債を差し引き、現時点の評価額を合計したもの。投資信託の規模を表しており、一般的に純資産総額が大きいほうが安定した運用を目指せる。

メンテナンスは年1回！「ほったらかし」でOK

つみたてNISAやiDeCoは少額でも長期的に運用を続けることが大切。こまめに運用成果を確認する必要はなく、1年に1回程度の確認でも十分です。

投資って、パソコンに張り付いて値動きを見ていなきゃいけないんですよね？

つみたてNISAやiDeCoのように、**毎月一定額をコツコツ投資するなら、「ほったらかし」でOK。運用成果の確認は年に1回で十分だよ。**

え？ そんなに少なくて大丈夫なんですか？

投資の基本は長期・積立・分散だったよね（94ページ）。少額でもいいから、なるべく長期間続けるのが大事なんだ。だから、**短い期間で売買する必要はないし、むしろしないほうがいい。**

値下がりしたとしても、手放さなくていいんですか？

基本的にはそのままで大丈夫。**一時的に価格が上下しても、長い目で見たらゆるやかに右肩上がりになる可能性が高いんだ。**

それなら私にもできそうだし、不安になることもなさそう！

年1回の確認では、左ページの内容をみておこう。金融機関のホームページにログインすると、「つみたてNISA」「iDeCo」それぞれの枠があるから、そこから確認できるよ。

積み立ててきた金額も運用で増えた金額もわかるんですね！ 増えているのが目に見えるとモチベーションも上がります。

合計額はもちろん、これまでの推移も確認できるのがいいね。

デイトレーダー……1日のうちに株の売買取引を完結させる投資家のこと。取引ができる9～11時30分、12時30分～15時は基本的に常時値動きを確認する。逆に、長期の運用であれば毎日値動きを見る必要はない。

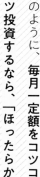

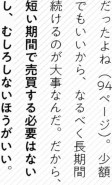

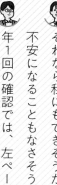

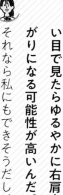

やること 01 つみたてNISAはココだけ見る!

① **つみたてNISA資産合計**
つみたてNISAで保有している投資信託の時価評価額と損益を確認できる

② **資産推移**
資産推移のグラフ。6カ月、1年、5年、全期間と範囲を変えられる

③ **直近の購入・売却**
直近3回の取引状況を確認できる

④ **積立期間**
どれくらい積立を続けてきたかの年月が表示される

⑤ **積立設定**
毎月の積立額や、どれくらい積立枠が残っているかがわかる

つみたてNISAの確認画面は楽天証券のトップページからワンクリック。積立設定の変更もこのページから行います。

やること 02 iDeCoはココだけ見る!

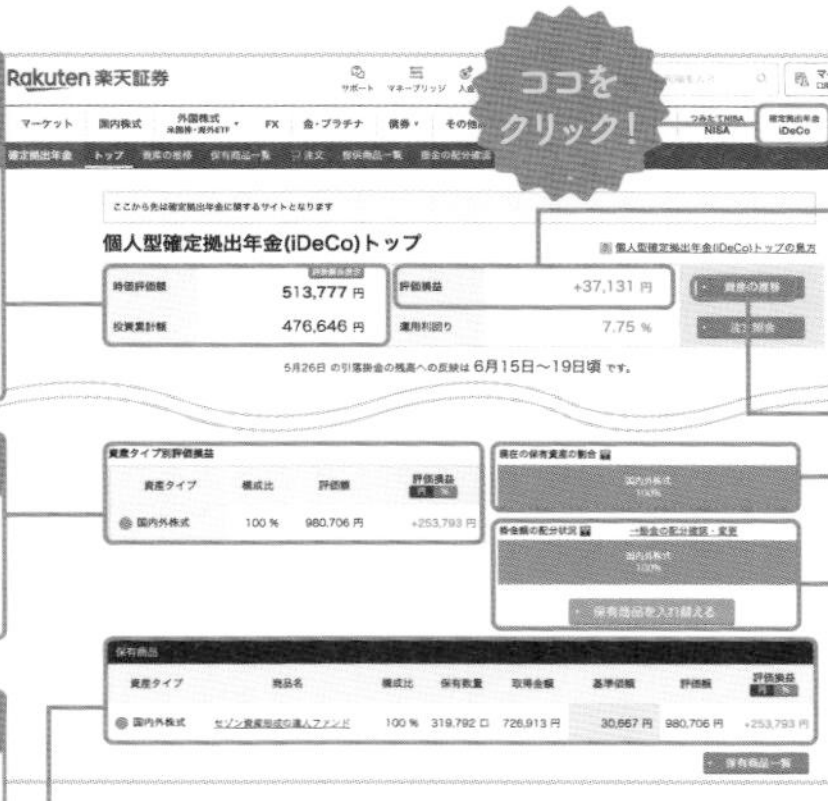

① **時価評価額と投資累計額**
iDeCo口座内で保有している投資信託や定期預金の評価金額、これまで実際に投資した金額(手数料を除く)が確認できる

② **資産タイプ別評価損益**
定期預金、投資信託といった資産タイプ別の評価損益が表示される

③ **保有商品**
現在保有している金融商品や構成比率、基準価額などがわかる

④ **評価損益**
iDeCoを始めてからどれだけ利益or損失が出たか、累積が表示される

⑤ **資産の推移**
これまでの投資で資産がどう増減したか、推移がグラフでわかる

⑥ **保有資産の割合**
口座内で保有している商品タイプ別の割合が表示される

⑦ **掛金額の配分状況**
毎月の掛金額の配分状況をチェックできる

個人型確定拠出年金(iDeCo)のトップページでは時価評価額や運用利回りなどが表示されます。メンテナンスの際は上記の7項目を確認するようにしましょう。

「時価評価額・評価損益」とは……金融商品の取得時点での価格ではなく、現在の価格で評価した金額を時価評価額という。評価損益とは、取得時点の価格と現在価格の差のこと。

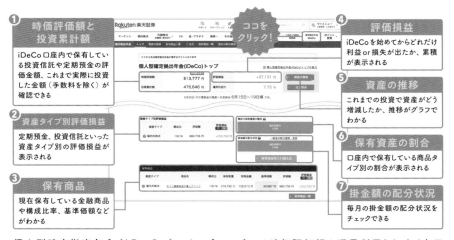

＼＼ 気になるトコロを1分で解決 ／／

サクッとわかるQ&A

～投資編～

基本は
ほったらかし
で大丈夫

Q 金融商品の取引でトラブルに遭ってしまったら？

A 困ったときは＃188に電話してみてください。

消費者ホットライン

TEL
188番

● 最寄りの消費生活センターの消費生活相談窓口を活用できる

消費者庁の所轄団体が提供する「消費者ホットライン」は、投資のトラブルも相談可能。相談先がわからなくても、適切な窓口へつなげてくれます。

Q iDeCoの資産はどうやって受け取るの？

A 原則60歳以降から一時金形式・年金形式を選んで受け取れます。

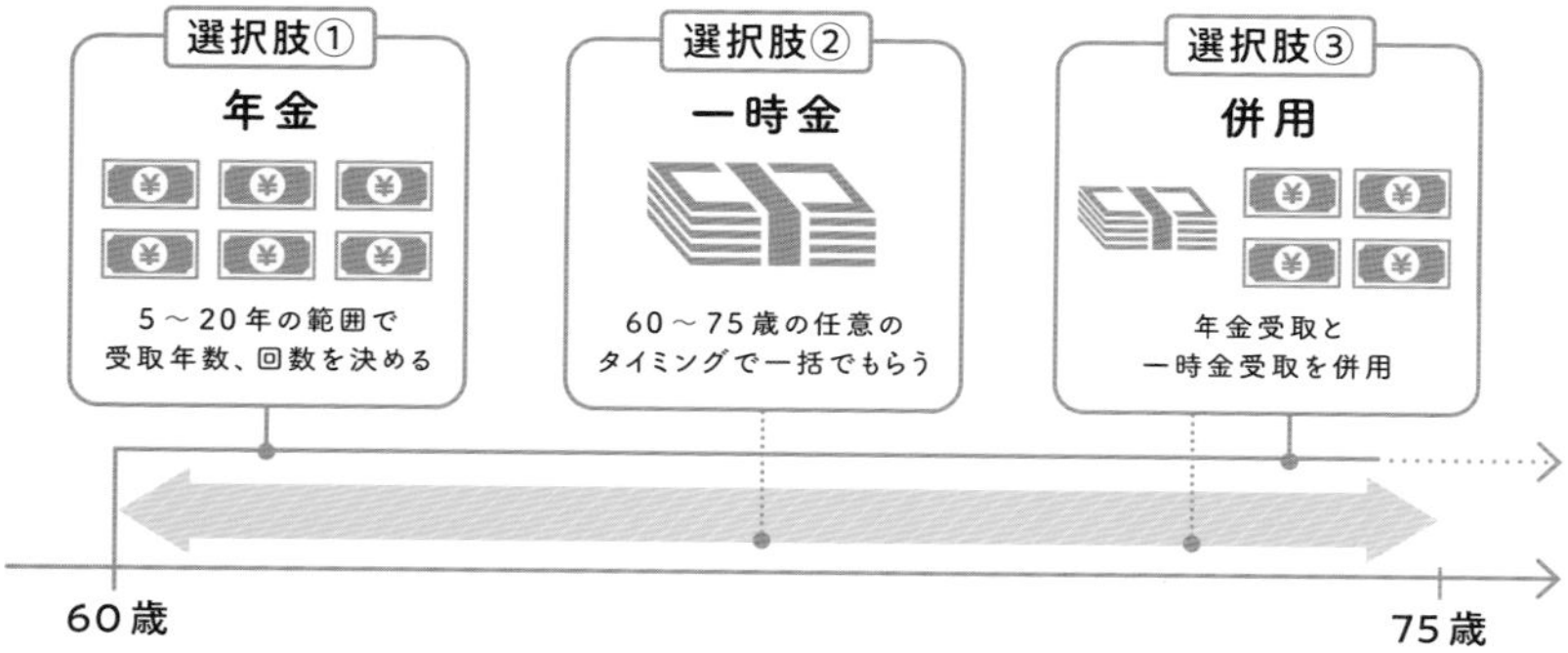
選択肢①
年金
5～20年の範囲で
受取年数、回数を決める
選択肢②
一時金
60～75歳の任意の
タイミングで一括でもらう
選択肢③
併用
年金受取と
一時金受取を併用
60歳
75歳

受取方法は上記の3パターン（併用は運用管理機関による）。なお、受取方法で所得税の扱いが変わるため、一般的には一時金のほうが節税効果が大きいとされています。

Q NISA口座の資産はどうやって受け取るの？

A 好きなときに資産を売却すればOKです。

保有商品一覧から売却商品を選ぶ

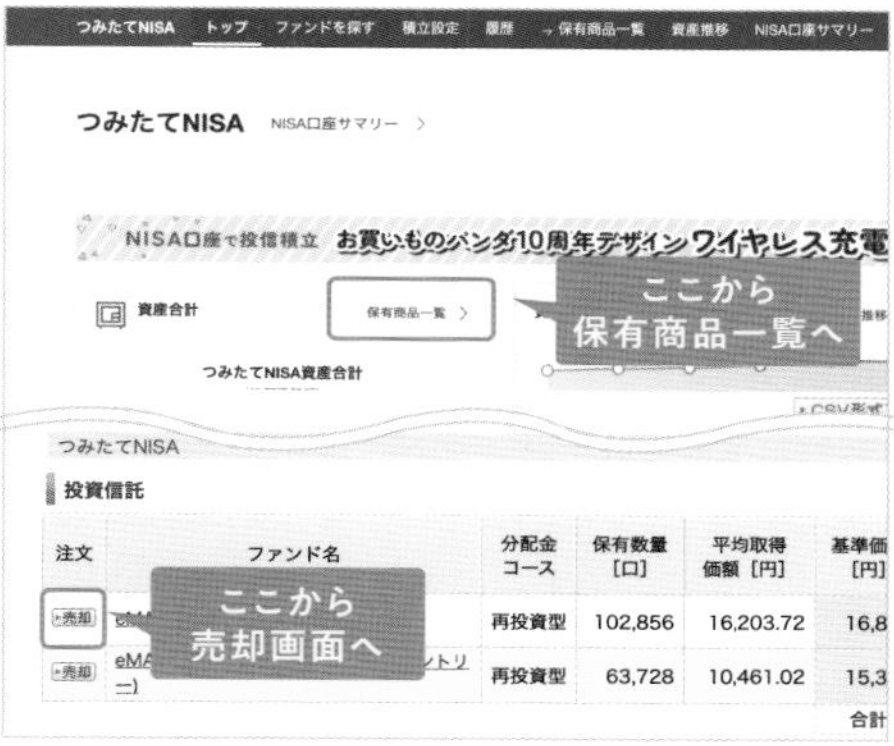

売却する数を入力する

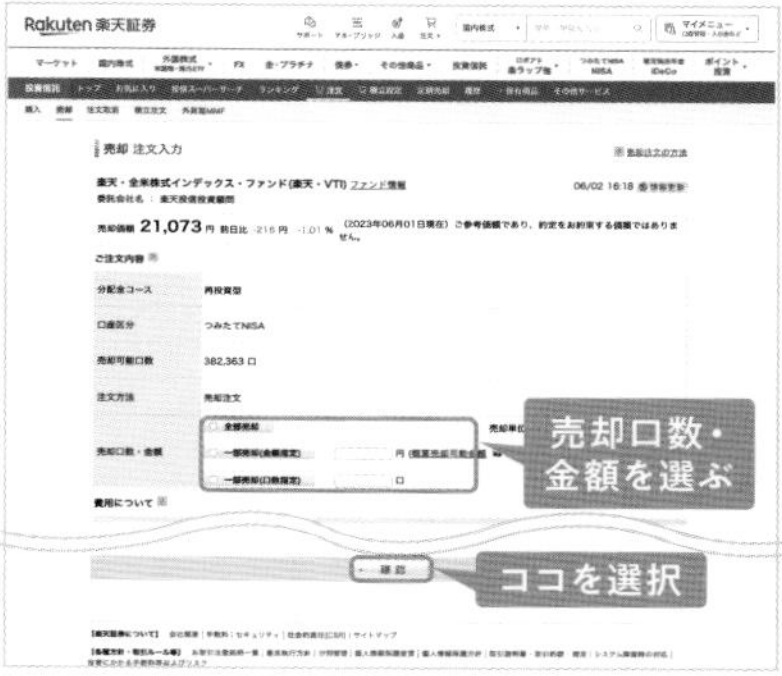

つみたてNISAのページから保有商品一覧を確認し、売却画面に進もう。iDeCoと違って好きなタイミングで現金化できます。

ココもPOINT

つみたてNISAは20年で非課税期間が終わる

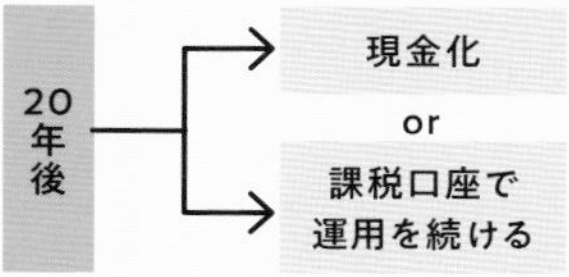

2023年に始めた場合、2042年になると課税口座に移管されてしまいます。

Q 2024年から新しいNISAが始まったらあらためて口座開設する必要がある？

A すでに口座があれば新NISA口座は自動開設されます。

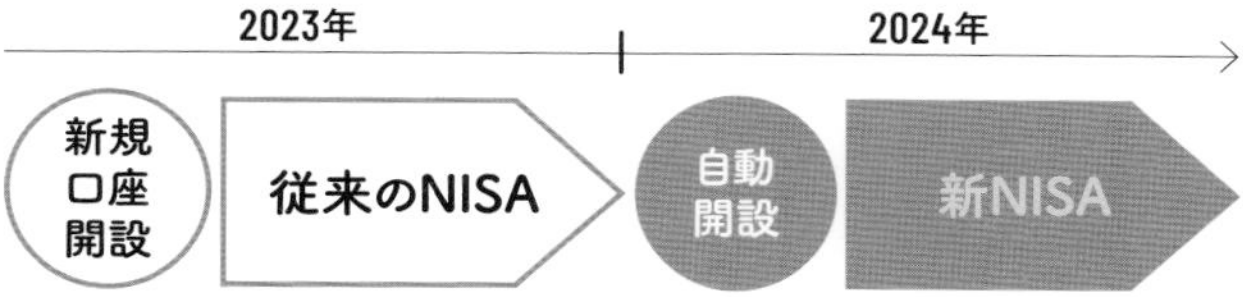

2023年までにNISAの口座を開設している人は、新しいNISAの口座が同じ金融機関で自動開設されます。

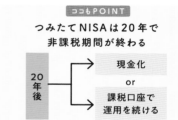

STEP 5 まとめ

1. 生活費1.5ヵ月分の貯蓄があるなら投資も併用しよう！ （P92）

2. 相場変動があるからこそ長期にわたってコツコツ積立 （P94）

3. リスク・リターンのバランスがいい投資信託から始めよう （P98）

4. つみたてNISAとiDeCoなら投資で得た利益が非課税に （P110）

5. すぐに口座開設できるネット証券がベスト （P114）

6. 商品は「楽天・全世界株式インデックス・ファンド」でOK （P120）

特徴を比べて
自分に合った
選択をしよう！

応用編　もっとお金を増やそう！

お金のルーティンが身についたらレベルアップを目指そう！

5ステップでお金が増える方法を紹介してきました。ステップ5まで実践できたら、定期的にステップ1から見直してみましょう。すべての手順を継続的にくり返せるようになったら「ルーティンが身についた状態」といえます。

お金を増やすルーティンは身についたかな？ 一度習慣化できると、この先も無理なくお金と付き合えるよ

ステップ1～5まで実践できたら、またステップ1から見直せばいいんですね

そのとおり。もっとお金を増やすために、次のステップに進んでもいいね

どんどんレベルアップしたいです！ ほかにできることはありますか？

レベルアップの道しるべ

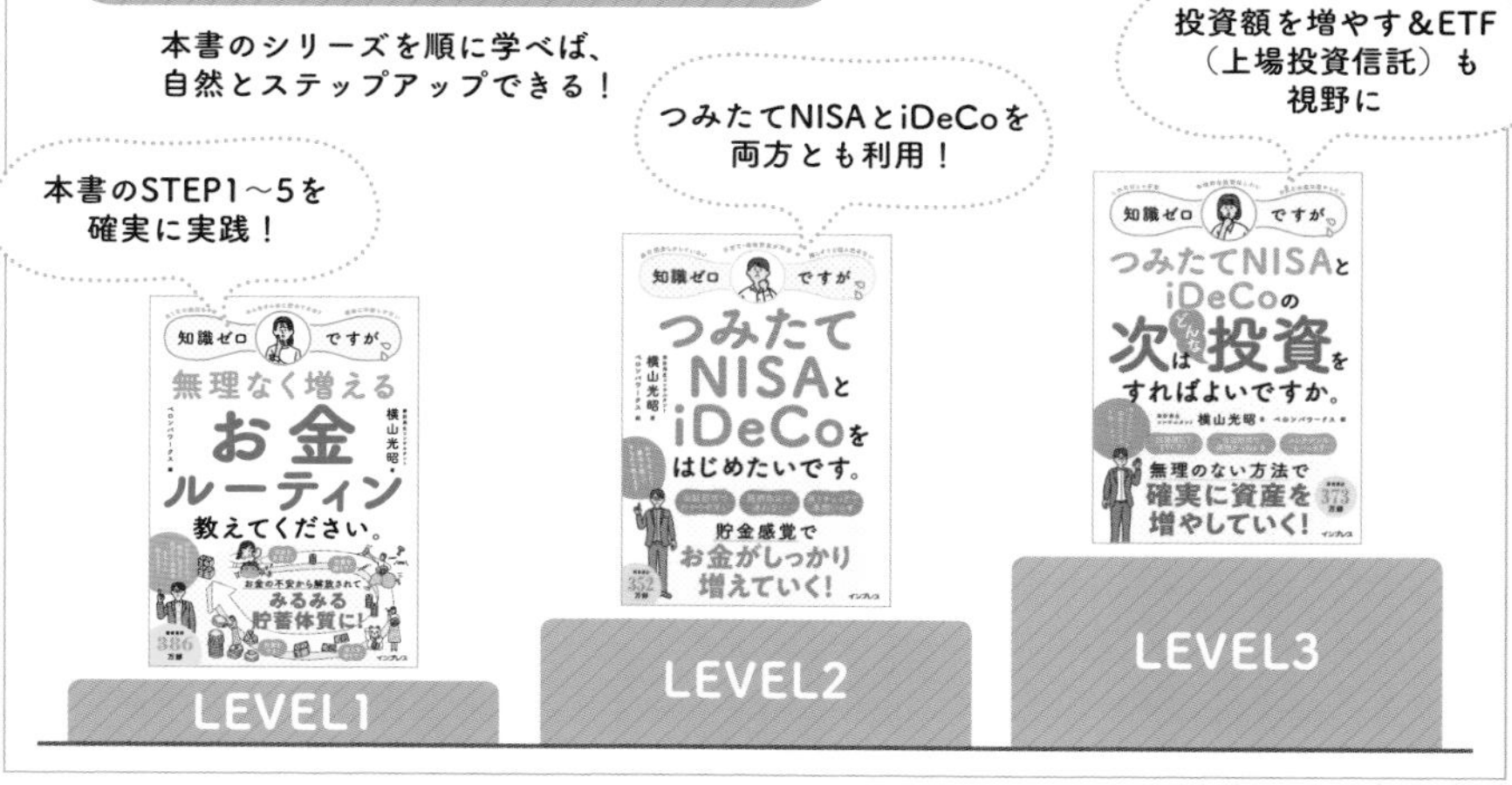

[著者]横山光昭(よこやまみつあき)
株式会社マイエフピー代表。お金の使い方そのものを改善する独自の家計再生プログラムで、家計の確実な再生を目指し、個別の相談・指導に高い評価を得ている。これまでの家計再生件数は22,000件を突破。書籍・雑誌への執筆、講演も多数。著書は、シリーズ累計90万部超の『貯金感覚でできる3000円投資生活デラックス』や『年収200万円からの貯金生活宣言』を代表作とし、計173冊、累計386万部となる。
https://myfp.jp/

[編集]ペロンパワークス(株式会社ペロンパワークス・プロダクション)
主にマネー系コンテンツを中心に情報誌、金融機関のネットメディアやPRツールの企画・制作を多数手がける。これまでに日本経済新聞(日本経済新聞社)、東洋経済オンライン(東洋経済新報社)、finasee(想研)などで企画・編集・執筆ほか、楽天証券の公式iDeCoガイドブック『IMAKARA』の制作をプロデュース。
https://pelonpa.com/

イラスト:平松慶
ブックデザイン:萩原弦一郎(256)
編集:杉本律美
編集長:山内悠之

■商品に関する問い合わせ先

このたびは弊社商品をご購入いただきありがとうございます。本書の内容などに関するお問い合わせは、下記のURLまたは二次元バーコードにある問い合わせフォームからお送りください。

https://book.impress.co.jp/info/

上記フォームがご利用いただけない場合のメールでの問い合わせ先
info@impress.co.jp

※お問い合わせの際は、書名、ISBN、お名前、お電話番号、メールアドレス に加えて、「該当するページ」と「具体的なご質問内容」「お使いの動作環境」を必ずご明記ください。なお、本書の範囲を超えるご質問にはお答えできないのでご了承ください。

- ●電話やFAX でのご質問には対応しておりません。また、封書でのお問い合わせは回答までに日数をいただく場合があります。あらかじめご了承ください。
- ●インプレスブックスの本書情報ページ　https://book.impress.co.jp/books/1122101177 では、本書のサポート情報や正誤表・訂正情報などを提供しています。あわせてご確認ください。
- ●本書の奥付に記載されている初版発行日から3年が経過した場合、もしくは本書で紹介している製品やサービスについて提供会社によるサポートが終了した場合はご質問にお答えできない場合があります。

■ 落丁・乱丁本などの問い合わせ先

FAX　03-6837-5023
service@impress.co.jp
※古書店で購入されたものについてはお取り替えできません。

知識ゼロですが、無理なく増える
お金ルーティン教えてください。

2023 年　7 月 21 日　初版第 1 刷発行

著者　横山光昭
編集　ペロンパワークス
発行人　高橋隆志
発行所　株式会社インプレス
〒 101-0051 東京都千代田区神田神保町一丁目 105 番地
ホームページ　https://book.impress.co.jp/

印刷所　株式会社暁印刷

ISBN 978-4-295-01738-7　C2033

Printed in Japan

- ●本書の内容は2023年6月現在のものです。サービス内容や画面は変更される可能性があります。
- ●本書に登場する会社名、商品名等は各社の登録商標または商標です。本文では®マークや™は明記しておりません。